我思

敢於運用你的理智

崇文學術·邏輯

墨經易解

譚戒甫　著

長江出版傳媒
崇文書局

图书在版编目（CIP）数据
墨經易解 / 譚戒甫著 . -- 武漢 : 崇文書局，2025.
3. --（崇文學術）. -- ISBN 978-7-5403-8022-9
Ⅰ. B224.2
中國國家版本館 CIP 數據核字第 2024QE7261 號

墨 經 易 解
MOJING YIJIE

出 版 人　韓 敏
出　　品　崇文書局人文學術編輯部
策 劃 人　梅文輝 (mwh902@163.com)
責任編輯　梅文輝
封面設計　甘淑媛
責任印製　邵雨奇
出版發行　長江出版傳媒 | 崇 文 書 局
地　　址　武漢市雄楚大街 268 號出版城 C 座 11 層
電　　話　（027）87679712　　郵 編　430070
印　　刷　武漢中科興業印務有限公司
開　　本　880mm × 1230mm　1/32
印　　張　8.5
字　　數　140 千
版　　次　2025 年 3 月第 1 版
印　　次　2025 年 3 月第 1 次印刷
定　　價　58.00 元
（讀者服務電話：027—87679738）

墨經易解

民國廿三年六月為

戒甫先生署 劉賾

墨經易解

永濟題檢

墨經易解

朱世溱

序

余治墨經，前後垂二十年。自戊辰仲秋來校，卽用舊稿爲教本六年之間，計共油印一次，排印三次，迭有增删，仍不得視爲定本，彌滋慙怍！校章久有叢書之輯，商及拙稿；玆不獲已，卽此應之。中間書名屢更，初爲長箋，繼爲發徵，又有徵評之議；今以其第三編顏曰易解付印。歷次有序，亦贅附書末，藉以見余研究此經之艱苦云。古人有言，『行百里者半於九十。』則吾全書畢刊與否，似又未敢豫期也。時紀元二十三年甲戌三月十日，湘鄉譚戒甫序於國立武漢大學。

凡例

一本書由墨辯發微分出，原爲第三編，茲暫名曰易解。

一經上經下原文依旁行句讀例，寫分上下二截，引說就經，其式如次：

△經上之上截

經故所得而後成也

說故小故有之不必然無之必不然
體也若有端大故有之必無然若
見之成見也

△經上之下截

經止以久也

說止無久之不止當牛非馬若夫過
楹有久之不止當馬非馬若人過
梁

△經下之上截

經止類以行人說在同

說止彼以此其然也說是其然也我
以此其不然也疑是其然也謂四
足獸與生鳥與物盡與大小也此
然是必然則俱

△經下之下截

經所存與者於存與孰存駟異說

說所室堂所存也其子存者也據存
者而問室堂惡可存也主室堂而
問存者孰存也是一主存者以問
所存一主所存以問存者

一本書祇將二截首尾銜接書之，不分上下二截。

一魯勝謂墨辯有上下經，經各有說；故本書間稱經上經說上爲上經，經下經說下爲下經。

一經說上下皆簡稱說，引就經文低一格書之。

一凡說皆舉經之首一字或多字以爲標題，與本文無涉，茲用○間之；原無標題者虛之。

一所加解說，再低一格書之。

一書末列有校讀，本文卽就校文寫定，請閱者對照觀之。

一凡關於論式及形名家言，請參閱形名發微，並取本校文哲季刊所載之墨辯軌範，論式源流及論晚周形名家三篇一觀，較易明晰。

目次

墨經易解（據校讀本）

上經——經上，經說上

譚戒甫箸

1 經 故，所得而後成也。

說 故○小故，有之不必然，無之必不然。體也。若有端。大故，有之必然，若見之成見也。

解 下文第七十七條說云『故也必待所爲之成也。』語意較此尤明顯。蓋所爲之成，其事之結果已得，即謂之故。

本條論『故』，小故無之必不然，大故有之必然，皆爲易知之理；必申言曰，小故有之不必然，其義始足。說分小故大故。經祇言故，即斥大故而言。茲乃先論大故，次及小故。

大故有之必然者，言成事之一切緣因皆具有之，則得必然之結果也。若見之成見，係譬詞。此如佛典唯識諸論言眼識待九緣生：（一）空；（二）明；（三）根即眼；（四）境即物；（五）作意；（六）分別；（七）染淨；（八）根本；（九）種子。章炳麟云，『自作意而下，諸夏之學者不亟辯，汎號曰智。』見國故論衡原名篇。苟九緣同時備具，必成見果；故曰大故有之必然。設彼諸九緣者，祇具二三，不必即見；或闕其一，見必不成：故曰小故有之不必然，無之必不然。體者部分之義。此謂成事之原因，苟有其一部分，則不必然；苟無其一部分，則必不然。以其爲體，故曰小故。若有端，亦譬詞。有者不盡有也。端，卽今幾何學所謂點。陳澧說，見後第六十一條。据幾何理，線由點成；但有點不必成線，而無點決不成線也。

故者果也，後果必有前因。常見世間自然現象之呈露，往往一事爲之後，則有數事或無數事爲之先；必待此數事或無數事者合，而後所謂果者從之而見。闕一事焉，則不見也。常法：於數事之內，獨擇其一謂之曰因，而其餘則謂之曰緣。緣，所待者也；因之所待而生，果之所待而成者也。是故每一果見，或獨舉一事爲所見之因者無他，殆合衆緣而成一因矣。特此衆緣之中，有境有事；其爲事者卽因，餘皆境而爲緣者耳。惟緣每有暫儲其用或闕其能而不卽著者，正此所謂小故；因者卽所謂大故。大氐衆緣不備，則因不臻，而果亦不至。則因之於果，若影之隨形，聲之應響；有之必然，不容或爽。此蓋宇宙一切自然現象相承之最大公例，所謂因果律（Causal Law）者是也。昔印度大乘古師嘗立五種比量，第五卽言因果，謂若由此則有彼；可云此爲彼因，彼爲此果。其論曰，『因果比量者，謂以因果展轉相比。案執因求果，或卽果窮因，故云展轉 如見有行，比至餘方；見至餘方，比先有行。』見瑜珈師地論卷十五 此『故』蓋亦比量之事，名家以屬『說知』。見後第八十條 是以本經開宗卽言因果律；誠以辯學論『知』，先須明此。呂氏春秋審己篇云，『凡物之然也必有故。而同如不知其故，雖當，與不知同；其卒必困。先王名士達師之所以過俗者，以其知也。』偉哉此言！

章炳麟云，『印度之辯：初宗；次因；次喻。墨經以因爲故。其立量次第：初因；次喻體；次宗。初以因，因局，故謂之小故；（猶今人譯為小前提者）次以喻體，喻體通，故謂之大故。（猶今人譯為大前提者）』又云，『驗墨子之為量，固有喻體無喻依。』（皆見原名篇）按本條純言因果律；章謂墨經立量，以因為故，當在別條，似非本條所及；論至謂小故即因，大故即喻體，尤非。蓋因明之宗因喻三支，本經及大小取篇皆有適當之例，容後詳之。又如本條『若……』及下文『不若……』等，實與因明之喻依同類，章謂無喻依，亦非。

2 經 體，分於兼也。

說 體○若二之一；尺之端也。

解 體言其分，兼言其全，故曰體分於兼也。

本條設譬二：(一)若二之一；(二)若尺之端。

若二之一者，二為一之兼，一為二之體，蓋以倍言之也。後第六十條經云，『倍，為二也。』故設體為一，而一之倍為兼，即體為二之一。

若尺之端者，尺為端之兼，端為尺之體，蓋以多言之也。尺即幾何學所謂線。胡適說 尺之端者，線之點也。後第四十五條說云，『偏也者兼之體也。』故設兼為尺，而尺之偏為體，即體為尺之端。

按本條承上條詳釋『體』義，亦取『端』為譬。

3 經 知，材也。

說 知材○知也者所以知也而必知。若明。

解　此『知』於文字部居屬名(Noun)，因訓爲材。材者能也，官也，亦性也。牒經標題用知材二字，乃變例。梁啓超謂材字衍文，不免拘泥。所以知者，猶云知之本能。本能既存，可常發露，故云必知。此若明與下第六條若明有別，此明猶言眼之明質；荀子性惡篇所謂『可以見之明不離目』者是也。又春秋繁露深察名號篇云，『性有同又似目。目臥幽而瞑，待覺而後見；當其未覺，可謂有見質而不可謂見。』見質卽此明字義。蓋知之所以爲材者，以必有知之本能而後有一切之知，若明爲見之本能而後有一切之見；故見之本能具則必見，知之本能具則必知也。

胡適云，『此所謂知，如佛家所謂根。』按胡改『而必知』爲『而不必知，』故云然。梁啓超改『若明』爲『若眼，』與胡同一見解。管子心術篇曰，『人皆欲「知，」而莫索之其「所以。」「知，」彼也；其「所以知，」此也。不修之此，焉能知彼？』荀子正名篇曰，『「所以知」之在人者謂之知。』王先謙集解云，『在人者明藏於心。』呂氏春秋圜道篇曰，『人之有形體四肢，其「能」使之也，爲其感而「必知」也；感而不知，則形體四肢不使矣。』又貴生篇云，『無有「所以知」者，死之謂也。』皆可破梁胡之說。

4 經　慮，求也。

說　慮○慮也者以其知有求也而不必得之，若睨。

解　知材具則慮自生，猶孟子云『心之官則思。』

慮求也者思無所注也。說文，『慮，謀思也。』按謀思者謂其思有所注也。思有所注而欲求其然，非泛想可比；與此有別。

穀梁隱三年傳云，『求之爲言得不得未可知之辭也。』則有求者非求之盡得也；故云不必得之。若睨者，說文目部云，『睨，衺視也。』又見部有覞字，云『旁視也。』二字音義皆同。此謂以人之『知』慮物而不必得之，猶斜視未必見物之眞；即中庸『睨而視之猶以爲遠』之義。

莊子庚桑楚篇云『知者謨也。知者之所不知猶睨也。』正與本條相發明。說文，『謨，議謀也。』又云，『慮難曰謀。』則謨即慮義。亦通摹，說文『摹，廣求也。』則謨即求義。蓋慮求者知之始事也。求不必得謂之慮；慮而得之（大學云，『慮而後能得』。）則爲智。尸子分篇云，『慮得分曰智。』管子宙合篇云，『心司慮，慮必順言；言得謂之知。』皆即此意。

知者之所不知猶睨，較此有求而不必得之若睨，尤爲斬截。蓋謂不知事物之眞者，若睨視然；雖有所見，直與無見等耳。

荀子正名篇云『情然而心爲之擇謂之慮。』按擇亦求義；故大略篇譬之曰，『今夫亡箴者，終日求之而不得；其得之，非目益明也，眸而見之也。心之於慮亦然。』蓋眸而見之，猶云正見；必非睨之斜視者可比矣。

此慮與佛典百法中『心所有法』『五遍行』之『作意』相似。廣益釋云，『作意者謂生心動念之始也；謂警心令起，引心趣境，是其體用。」即其義。胡適謂『墨辯論知分爲三層，』乃僅引『知材』『知接』『恕明』言之，遺此一條，（見中國哲學史大綱第八篇）大非。

5 經 知，接也。

說 知○知也者以其知過物而能貌之，若見。

解 此『知』於文字部居屬謂（Verb），因訓爲接。慮而不必得之故接。

孫詒讓云，『貌，吳鈔本作皃。說文「皃，頌儀也。籀文作貌。」能貌之，謂能知物之形容。』按孫說是。若見者，猶以見官經過其物而能知其物之形容也。

莊子庚桑楚篇亦云，『知者接也。』淮南原道篇云，『知與物接而好憎生焉。』又說林篇云，『盲者不觀，無以接物。』高誘注云，『接，猶見也。』皆可參證。

呂氏春秋有知接篇，曰，『人之目以照見之也以瞑則不。（同否）見同；其所以爲照，所以爲瞑，異。瞑士未嘗照，故未嘗見。瞑者目無由接也。無由接而言見，謊。智（同知，下同。）亦然，其所以接智，所以不接不。（同否）智同；其所能接，所不能接，異。』（此據校正本）亦以目見取譬知接，與本條互相發明。

胡適云，『此所謂知，如佛家所謂塵；接，所謂受。』梁啓超云，『接者感受也，即佛典受想行識之受。』按梁胡說皆未諦。此亦當與百法五遍行中之『觸』相似。觸爲『三和分別變異。』三和爲根塵識。此『物』即塵；此『其知』兼根識言。蓋必有根塵方能接，有識方能貌耳。貌即分別變異之義。

6 **經** 恕，明也。

說 恕○恕也者以其知論物而其知之也著若明。

解 事物有不能接知者，故恕尚焉。恕者推概比度之義。章炳麟云，『心能推度曰恕。故夫聞一以知十，舉一隅而以三隅反者恕之事也。守恕者善比類。荀卿蓋云，「坐於室而見四海，處於今而論久遠；疏觀萬物而知其情；參稽治亂而通其度：」此謂用恕者矣。』（見章氏叢書檢論三訂孔下篇）其言至爲剴切。釋名云，『論，倫也；有倫理也。』此言以其知所接之事物而比類倫理之，卽可以周知徧觀；故其知之也著。

若明之明，與經文『明也』之明，有名謂之別；義亦殊其輕重。管子宙合篇云，『見察謂之明。』韓子難四篇云，『知微之謂明。』見察知微，徹內徹外，蓋恕明者知之終事也。

呂氏春秋任數篇云，『目之見也藉於昭；心之知也藉於理。』案昭卽明也；理卽倫也。

名家言恕卽推類（Inference by Analogy），（推類二字，見經下第二條。）爲求知方法之一種。儒家不然，言恕每並言忠；則爲人生哲學之一條件而已。忠爲體而恕爲用；苟忠不立，則恕將漫無裁制。故曾參以孔子『一貫之道』爲忠恕；孔子答子貢『可以終身行之』之一言，亦以『己所不欲，勿施於人』爲恕；而中庸謂『忠恕違道不遠，施諸己而不願，亦勿施於人』：均以『己』爲權衡，以比量事物。他如大戴禮小辨篇，『內恕外度曰知外。』管子版法解，『度恕者度之於己也。』尸子恕篇，『恕者以身爲度者也。』離騷云，『羌內恕己以量人兮。』王逸注，『以心揆心爲恕。量，度也。』賈子道術篇，『以己量人謂之恕。』聲類云，『以心度物曰恕。』朱熹注論語云，『盡己之謂忠，推己及人之謂恕。』其所以爲推者，皆不外乎以身以心以內以己爲比勘，即所謂忠之用也。

7 **經** 仁，體愛也。

說 仁○愛己者非爲用己也。不若愛馬者。

解 墨子以兼愛爲『仁人之所以爲事』；故曰，『今人獨知愛其身，不愛人之身；是以不憚舉其身以賊人之身。人與人不相愛，則必相賊。凡天下禍篡怨恨其（同之）所以起者，以不相愛生也。是以仁者非之。』（見兼愛中篇）又云，『爲人之家，若爲其家；夫誰獨舉其家以亂人之家者哉？爲彼猶爲己也。』（見兼愛下篇）故墨子於此乃決然曰，『仁，體愛也。』體愛也者，韓子外儲說左云，『楚王謂田鳩曰，「墨子者顯學也，其體身則可。」』（原作其身體則可，據王先謙乙正。）則此體即體身之體；言愛人當體諸己身，方謂之仁。立義極爲精當。荀子子道篇『仁者自愛』之說，亦即此義。

愛己者非爲用己，推之愛人者亦非爲用人，即體愛之道，所謂仁也。孔子謂『夫仁者己欲立而立人，己欲達而達人，能近取譬，可謂仁之方也已。』此體愛亦可謂爲墨者言『仁之方。』大取篇云，『愛人不外己，己在所愛之中。』則愛人愛己固無殊也。而此必云『愛己非爲用己』者，足見仁之爲愛，全在體己與否耳。蓋愛人者非爲用人，尙在疑似之際；愛己者非爲用己，其事誠，其信昭矣。

何則？世固未有爲用己之故而愛己；亦未有爲不用己之故而不愛己者也。準是以推，則人之當愛，決不可以用之與否爲權衡耳。

此體非上文「體分於兼」之體，核之說語便知。

荀子富國篇云，「愛而後用之，不如愛而不用者之功也。」其愛而不用，與此云愛非爲用略同；而此尤明切。

不若愛馬者，意謂仁爲體愛，專屬人言，斷不可以施之於馬；人同類，馬異類也。故愛人可謂之仁，亦可謂之愛；愛物祇可謂之愛，不得同謂之仁也。孟子盡心上篇云「君子之於物也，愛之而弗仁；仁民而愛物。」呂氏春秋愛類篇亦云，「仁於他物，不仁於人，不得爲仁。不仁於他物，獨仁於人，猶若爲仁。仁也者，仁乎其類者也。」夫曰愛物弗仁，曰仁乎其類，皆謂愛人與愛物不同；故此以不若愛馬者爲反證。

8 **經** 義，利也。

說 義○志以天下爲芬，而能能利之；不必用。

解 王闓運云「芬卽分字，讀爲職分之分。」按芬，分之繁文。本經文字有繁省二例，（別詳經說釋例）以後隨條舉之。

釋名云，「能，該也；無物不兼該也。」則此「能能，」猶云「能該，」或「能兼。」墨子之志，急於救世；故以天下事爲己分內事，乃能兼利天下。曹耀湘云，「用者，見用於世也。不必用者，不必在上位，隨分而能利人也。」按曹說是。此殆呂氏春秋順說篇所謂『墨翟無地爲君，無官爲長』者歟。

孔子謂『君子義以爲上，』（見論語陽貨篇）墨子謂『萬事莫貴於義，』（見貴義篇）則孔墨皆重視義矣。然孔子曰，『君子喻於義，小人喻於利。』乃以義爲君子之事，利爲小民之事，各有所喻；故『罕言利。』然世人於利，每及其私；故又謂『以義爲利，』『見利思義，』則利須以義節之。司馬遷曰，『利，誠亂之始也！夫子罕言利者，常防其原也。』（見孟荀列傳）得其旨矣。墨子屢言『國家百姓人民之利，』又曰『交相利，』意謂凡利必義。不義之利，則又不得謂之利矣。故此直曰，義，利也。此孔墨立言之不同處。

經說下第七十六條云，『仁，愛也。義，利也。』而此言仁則體愛，言義則兼利，其意尤深。蓋天下未有不能愛己而能愛人者；亦未有不能利人而能利己者。墨道日微，斯人類益慘毒矣！

9 **經** 禮，敬也。

說 禮○貴者公，賤者名，而俱有敬僈焉，等異論也。

解 畢沅云，『僈，慢字異文。』按賈子道術篇，『接遇肅敬謂之敬；反敬爲嫚。』說文，『嫚，侮傷也。』又『慢，惰也。』二義皆得相通耳。

賤者稱貴者以公，非必敬也。貴者呼賤者以名，非必僈也。若貴者稱賤者以公，爲敬：如戰國策齊孟嘗呼馮諼爲『馮公，』通鑑吳孫權呼程普爲『程公，』是也。賤者稱貴者以名，爲僈：如莊子列禦寇篇，『如而夫者，（郭注，『而夫，謂凡夫也。』）三命而名諸父。』（按說苑臣術篇，『伊尹對湯曰，君之所不名臣者四，諸父臣而不名。』據此，知『名諸父』爲僈也。）戰國策魏三，『宋人有學者，三年反而名其母。』周訢之言是也。然貴者：如齊以侯稱公，鄭以伯稱公；自尊也，僈也。賤者：如父之前子名，君之前臣名；語見曲禮自卑也，敬也。故曰貴者公，賤者名，而俱有敬僈焉。尹文子下篇云，『禮者所以行恭謹，亦所以生惰慢。』即其義也。

張惠言云，『論，讀爲倫。』按釋名云，『論，倫也。』荀子致仕篇，『禮以定倫。』又富國篇，『禮者貴賤有等。』又云『古者先王分割而等異之也。』楊倞注，『以等差異之。』則等異倫也者，猶云以等差而別異貴賤之倫矣。蓋貴賤之倫能以等差別異之者，當維之以禮，持之以敬；僈則敗矣。樂記云，『禮者殊事合敬者也。』按此亦即其義。

10 **經** 行，爲也。

說 行○所爲不善名，行也。所爲善名，巧也。若爲盜。

解 『行爲』二字，常見連用。此即以『爲』訓『行』，似難分曉。竊意此『爲』即『能爲』，當與說之『所爲』對看。『所爲』者『事』也，未必即謂之『行』；『能爲』則可謂之『行』矣。故曰『行，爲也。』論衡問孔篇云『夫孔子之問使者曰，「夫子何爲？」問所治爲；非問操行也。使者宜對曰，「夫子爲某事，治某政。」』蓋此『行』即操行；『爲』即治爲。『治爲』亦與『所治爲』對看。『所治爲』者，猶云所爲之某事，所治之某政，非即操行也。然使者對以『夫子欲寡其過而未能。』『能』即能爲，正合『何爲』之問而操行之意亦在其中矣。是以『行』即訓『爲』，未嘗不可。又史記陳丞相世家載絳侯等咸讒陳平，漢王疑之，召讓魏無知。無知曰，『臣所言者能也；陛下所問者行也。』其『能』亦卽能爲。蓋細言之，『能』『爲』與『行』有別。通言之『能』『爲』，或合言之『能爲』，皆卽『行』耳。孟子謂『墨子兼愛，摩頂放踵利天下，爲之。』其『爲』卽此『爲』字，亦『能爲』也。墨子勞苦自爲，視『爲』卽『行』。故荀子譏之曰，『爲之者役夫之道也，墨子之說也。』王霸篇 蓋荀子不以『爲』爲『行』，乃以『正義而爲謂之行』正名篇 矣。

所爲不善名行也句，本以『行也』二字爲主詞，猶云行也者所爲不善名也；乃轉易之爲下句對文。

善，繕之省文；治也，緣飾也。蓋所謂行者，以所爲之事不緣飾乎名也。今人乍出孺子於阱，所爲之事也；而不要譽於其父母昆弟鄉黨朋友者，不繕乎名也，行也。墨家崇實，故不繕名。後世游俠之徒，殆卽此義所育。司馬遷曰，『今游俠，其言必信，其行必果，而不務其能，羞伐其德，蓋亦有足多者焉。』見史記游俠傳 可爲本條參證。

列子楊朱篇，『名者僞而已矣。』廣韻云，『巧，僞也。』蓋所爲而務緣飾其名者，未必能爲；直巧僞無行耳。

若爲盜，卽上句『所爲善名巧也』句之譬詞。孟子萬章篇云，『夫謂「非其有而取之者盜也」，充類至義之盡也。』正是此意。又常語『巧於盜名，』亦此謂也。

11 經實，榮也。

說 實○其志氣之見也，使人如己。不若金聲玉服。

解 實，榮之質。榮，實之著。有諸內必形諸外也。

其志氣之見也者，謂實榮為志氣之表見。志，實也。氣，榮也。孟子公孫丑篇云，『夫志，氣之帥也。氣，體之充也。夫志至焉，氣次焉。故曰持其志無暴其氣。』蓋志不易見，由氣而見。以氣使人，人必反之。如其己心，左昭六年傳疏，『如心為恕，謂如其己心也。』人必安之。故曰使人如己。

玉服者，月令鄭玄注『凡所服玉謂冠飾及所佩者之衡璜也。』則此玉服與金聲對文，當為服飾之服。不若金聲玉服者，金聲玉服，徒炫於外而無補於內，猶之不能充實而務榮，不能持志而暴氣，故曰不若。詩大雅棫樸云『雕琢其章，金玉其相。』按相，質也。言雕琢為文章，又以金玉為質：此本荀子富國篇楊倞注 即此實榮之義。至於金聲玉服，已非其質，故曰不若。史記陳丞相世家言『平雖美丈夫，如冠玉耳，其中未必有也。』亦即此意。

金聲玉服，墨家常不謂然。如七患篇此据羣書治要引，今墨子作辭過篇。云，『鑄金以為鉤，珠玉以為珮；女工作文采，男工作刻鏤以為身服。此非云益煗之情也，單財勞力畢歸之於無用也。』可證。

又按實猶質也，榮猶文也。實榮者，猶言質文也。昔孔子嘗謂『質勝文則野；文勝質則史。文質彬彬，然後君子。』論語雍也篇然有周尚文，孔子從周，未免偏於文矣。故棘子成曰，『君子質而已矣，何以文為？』子貢曰，『惜乎夫子之說「君子」也，駟不及舌。文猶質也，質猶文也。虎豹之鞟，猶犬羊之鞟。』顏淵篇正義曰，

『此章貴尚文章也。』蓋儒家尚文，墨家尚質，因謂有質卽有文。故實榮也者，亦猶孔子並言文質耳。墨子又嘗答禽滑釐曰，『古有無文者得之矣，夏禹是也。先質而後文，此聖人之務。』（說苑反質篇）由是以觀，則墨子『實榮』之說，尚非其極成之義矣。所以荀卿謂墨子『蔽於用而不知文，』（解蔽篇）又曰，『好其實不恤其文，』（非相篇文）有以也夫。

12 **經** 忠，以爲利而强低也。

說 忠○不利弱子；亥足將入，止容。

解 下條訓『孝』爲利親，本條訓『忠』不曰利君者：知墨家之所謂忠，乃謀國輔人奉上使下之一令德，初非限於臣對君也。王闓運改強低爲『強仕，』孫詒讓改爲『強君，』其思致爲自來忠君之言所束縛亦已久矣。

以，猶謂也。（見王引之經傳釋詞）爲利者，非樂上篇云『仁者之事，必務求興天下之利，將以爲法乎天下；利人乎則爲。』卽其義。強低者，左昭十二年傳云，『外強內溫，忠也。』曹耀湘云，『強者勇於任事，低者抑然自下，』如易言勞謙。』皆是。

不利弱子句，承經文爲利言。亥足將入止容句，承強低言。

曲禮云，『二十曰弱冠。』釋名云，『二十曰弱，言柔弱也。』則弱子（管子形勢解，尸子治天下篇，韓子說林下篇，皆有弱子之語。）係謂成人而冠者耳。（荀子儒效篇，『成王冠，成人。』）此言成人之子，體雖柔弱，亦當『使各從事其所能。』（節用中篇語）若爲之父者，以『餘力隱謀遺利，而不爲天下爲之』（節葬下篇語）則有害於兼，失爲利之旨矣。『亥』假爲『其』，古音同。易『箕子之明夷』，趙賓謂『箕子者萬物方荄茲也』，顏師古曰，『荄，音該。』（見漢書儒林傳及注）惠棟云『箕子，當從古文作其子。其，古音亥。』淮南時則篇，『爨萁燧火』，高誘注，『萁，讀該備之該也。』凡此皆亥其二字同音通用之證。其足將入止容者：入猶大禹『三過其門而不入』之入。墨子法禹，形勞天下，突不得黔；故足將入室而有止容。（著一容字，極狀強低之態。）禮玉藻篇『足容重』，鄭玄注，『舉欲遲也。』蓋過門將入，舉足欲遲，言不顧家也。不利子，不顧家，以利天下，所以爲忠。

13 **經** 孝，利親也。

說 孝◯以親爲芬，而能能利親；不必得。

解 墨子以儒者之知，如嬰兒子，獨慕父母而已；（見公孟篇。孟子謂『大孝終身慕父母』，本儒家舊說。）故倡利親爲孝之說。然兼愛上篇云，『子之不孝父，所謂亂也。子自愛，不愛父，故虧父而自利。』是所謂不孝者，乃因子自愛（自愛，即非兼愛。）而不愛親，故虧親而自利；則利親仍當基於愛親耳。蓋愛親爲人所習知，利親爲人所易忽。故曰，孝，利親也。然則所謂孝者，仍以愛利其親爲是。兼愛下篇云，『姑嘗本原孝子之爲親度者，則欲人之愛利其親也』，可證。後來賈誼謂『子愛利親謂之孝』，（見新書道術篇）殆祖此意而爲言歟？

『芬』與『能能』字義見前。

大取篇云，『厚親，分也。』卽此以親爲分之義。又云，『知親之一利，未爲孝也。』卽此能兼利親之義。不必得者言有利親之實，不必得孝之名也。

本條與上第八條之說語句頗同惟首無『志』字。蓋墨者志在兼利世人；以親爲世之一人，孝爲人之一事故無二志。於此，足見墨家愛利主旨之宏遠，亦見其立論涉思之縝密。

14 經信，言合於意也。

說信○不以其言之當也使人視城，得金。

解　意，億之省文料度也。料度之事，固未必驗；但若其言與所料度者相合，卽謂之信。

荀子不苟篇楊倞注，『當謂合禮義也。』不以其言之當也者，謂言合於億，卽不以其言之合義，亦可謂之信也。如億城上有金，而使人視之，乃一不合義之言也。然使人視城而果得金，則言合於億，卽謂之信。

墨家重功用；信與不信，須視其事之結果爲何如耳。

使人視城得金，與下第七十五條說云，『廧外之利害，未可知也，趨之而得刀，』同一句法。

孟子離婁下篇云，『大人者，言不必信，行不必果，惟義所在。』按孟子爲儒家，其言正與此相反。

韓子解老篇云，『先物行，先理動之謂前識；前識者無緣而妄意度也。何以論之？詹何坐，弟子侍，有牛鳴於門外。弟子曰，「是黑牛也，而白在其題。」詹何曰，「然。是黑牛也，而白在其角。」使人視之；果黑牛，而以布裹其角。』按詹何之言合於意，而弟子則否；是詹何信，弟子不信矣。

近代歐美科學，如聲光電化，有勢不能用精密之測定法者，往往出之以『億，』以揣度其未見之事實，名曰或然律(Law of Probability)；其所得之效甚有裨於科學之進步。墨家精於工事，故能若此。

15 經 狂，自作也。

說 狂○與人，遇；入衆，循。

解 廣韻云，『狂，輒爲也。』按輒者專擅之詞。凡事專擅爲之，不計他人可否，卽此自作之義。說文云，『與，黨與也。』管子形勢篇云，『見與之交，幾於不親。』尹知章注，『與，親與也。』按此『與人』卽親與之『與』，謂所親與之人也。穀梁隱四年傳，『遇者志相得也。』畢沅云，『字書無循字。』按循，假爲遁；遁同從盾聲，故得通用。遁遇二字，相對爲文。此言狂者對於所親與之人則遇合之；若入於流俗之衆，則遁逃之。詩鄘風疏，『論語云「狂者進取」』仰法古例，不顧時俗，是進取一概之義。』按進取，若此云『自作』，仰法古例，若此云『與人遇』；猶云『與古爲徒。』不顧時俗，若此云『入衆遁』也。

16 經 誚，作嗛也。

說 誚○爲是爲是之台彼也，弗爲也。

解 誚，論語作狷；孟子作獧。又孟子『睊睊胥讒』音義，『睊，字亦作誚。』孫詒讓云，『誚，狷，同聲假借字。』又云，『誚當爲獧之借字；字又作狷。』又引國策魏策高誘注云，『嗛，快也。』按此言狷者作事快足。何以故？以其『爲是』故。論語云，『狷者有所不爲也。』有所，猶云『有時。』公羊文十三年傳，何休解詁曰，『所，猶時也。』可證。蓋狷者有時不爲耳；並非不爲。苟此而爲快足之事者則爲之，故曰爲是。是字與下句彼字，相對成文。

顧廣圻云，『台讀當爲詒。季本作治』按台，詒之省文。季本作治者，疑一本作詒，草書訛爲治耳。說文，『詒，相欺詒也。』此言狷者不屑爲不潔之事。（見孟子）苟爲此而欺彼，心不快足，則不爲也。後漢書獨行傳序引論語狂狷之說曰，『有所不爲，亦將有所必爲者矣。既云進取，亦將有所不取者矣。如此，性尙分流，爲否異適矣。』按即此二條之確詁。

17 **經** 廉，作非也。

說 廉○己惟爲之，知其心所⿰思耳也。

解 釋名云，『廉，斂也；自檢斂也。』又云，『非，排也；人所惡排去也。』（按非字本排之古文）作非者，言己作之而惡者排去之也；即自檢斂之義。

孫詒讓云，『惟，當作雖，同聲假借字。』又云，『字書無⿰思耳字，當爲諰之譌。荀子彊國篇云「則有其諰矣」楊倞注，「諰，懼也。」此其⿰思耳，即荀子之其諰；與論語「愼而無禮則葸」之葸，聲義亦相近。』按⿰思耳，非譌字，乃假借字。與諰葸同從思聲，故可通用。（又疑⿰思耳爲諰之古文，乃會意字。）

管子牧民篇云『廉不蔽惡，不蔽惡則行自全。』蓋廉者心之所懼，即其所惡；故己雖爲之，然能知其心之所惡者而自檢斂也。

論語云，『古之矜也廉，今之矜也忿戾。』按矜，即上條之所謂狷；（見陳澧東塾讀書記第三）則廉，即古之狷者之所有事也。蓋狷者性廉，不屑為不潔之事，極易流於忿戾。而廉與忿戾，相去幾微；差之毫釐，謬以千里。故廉者知自心之所懼，恐不免於忿戾；則忿戾為所惡，須排去之也。

18 **經**. 令，不為所作也。

說 令○非身弗行。

解 上文狂狷廉三者皆以『作』為訓，且皆義屬『能作。』茲『令』由人所為，似屬『所作；』然墨者以『令』仍不為所作而為能作也。非身弗行者，謂不以身作則，令弗行於人也。蓋墨者以令出於其身，則身為能作，令亦謂之能作；故令不為所作也。觀尚同天志諸篇可知。告子謂子墨子曰，『我為（同能）治國政。』子墨子曰，『政者，口言之，身必行之。今子口言之而身不行，是子之身亂也。子不能治子之身，惡能治國政？子姑防子之身亂之矣。』（見公孟篇）案政口言之者令為能作也。身必行之者，非身弗行也。論語云『其身正，不令而行。其身不正，雖令不從。』可與此條互相印證。韓愈謂『儒墨同修身正心以治天下國家，』於此可見。

19 **經** 任，士損己而益所為也。

說 任○為身之所惡，以成人之所急。

解　任者略如史記游俠傳所謂『任俠。』士亦卽所謂『布衣之徒。』故公孫弘議郭解，謂『解布衣爲任俠』也。益所爲之『爲』字，讀去聲。不言損己益人而曰益所爲者，言所爲者天下人皆在所爲之中；義較廣矣。孟子謂『墨子摩頂放踵利天下，爲之。』莊子天下篇謂『以繩墨自矯而備世之急，古之道術有在於是者，墨翟禽滑釐聞其風而悅之。』列子楊朱篇張湛注，『禹翟之教，忘己而濟物也。』皆可爲本條參證。

司馬遷曰，『今游俠，已諾必誠，不愛其軀，赴士之阨困，此亦有所長，非苟而已矣；故士窮窘而得委命，此豈非人之所謂賢豪間者邪？至於閭巷之俠，脩行砥名，聲施於天下，莫不稱賢，是爲難耳。然儒墨皆排擯不載。自秦以前，匹夫之俠，湮滅不見；余甚恨之。』（見游俠傳）按今墨子所載任俠事，略見公輸篇，其行固軌於正義；非若朱家郭解之流，益其所爲者少也。故大取篇云，『斷指與斷腕，利於天下相若，無擇也。死生利若一，無擇也。殺一人以存天下，非殺一人以利天下也。殺己以存天下，是殺己以利天下。』蓋墨家之志，在利天下；匹夫之俠，遂無聞焉。然其蹈死不顧之概，亦有可以考見者：如公輸篇載墨子之言曰，『臣之弟子禽滑釐等三百人，已持臣守圉之器，在宋城上而待楚寇矣；雖殺臣，不能絕也。』又淮南泰族篇云，『墨子服役百八十人，皆可使赴火蹈刃，死不旋踵；化之所致也。』呂氏春秋上德篇云，『孟勝爲墨者鉅子；孟勝死，弟子死之者百八十。』其損己而益所爲之精神，古今罕見，類皆墨子此義所養成矣。

20 經　勇，志之所以敢也。

說 勇○以其敢於是也命之；不以其不敢於彼也害之。

解 志者心之所之。敢，卽論語『勇者不懼』之義。夫心之所之，必不盡同；而敢與不敢，亦各有異。故謂之不懼者非不懼也，乃以其志之所以勇於敢或勇於不敢耳。

孫詒讓云，『命，猶名也。』張惠言云，『人有敢，亦有不敢。就其敢於此，則命之勇矣。』按敢於此者，或亦敢於彼將無制裁。韓子守道篇，『賁育不量敵則無勇名。』正是此意。若藺相如叱辱秦王，敢於是也。退讓廉頗，不敢於彼也。是以名重太山，適見其爲大勇矣。

老子云，『勇於敢則殺，勇於不敢則活。』淮南人間篇記秦牛缺徑於山中遇盜，奪其所有，盜還顧牛缺無懼色憂志，因而殺之；謂『能勇於敢，而未能勇於不敢也。』正可爲本條反證。

21 經 力，刑之所以奮也。

說 力○重之謂。下；與。重奮也。

解 畢沅云，『刑，同形。』按刑形二字古通用。梁啓超云，『奮，動也。』按列子說符篇，『力盛者奮，』卽是。

蓋物形（今言物體）本靜，其所以奮動者在力。据今動力學（Kinetics），『凡改變物形之動止狀態者，皆謂之力。』然則令物體動，須加外力耳。牛頓動例（Newton's Laws of Motion），正合此旨。

力加於物而後物動；惟力不易見，須由重而見之耳。故曰『重之謂。』（按今力學亦曰重學）

孫詒讓云，『與疑當作舉。』按，與，舉之省文。

『下舉』譬詞。此分爲二：(一)下；(二)舉。舉下者引物令下。蓋凡物莫不有重，重卽下墜之因；而其所以下墜者力使之耳。舉者舉物向上。舉物向上，亦必加以適當之力而後可。下經第二十六條云，『挈有力也。引，無力也。』此舉卽挈，（荀子王霸篇楊注『挈，提舉也。』）故云有力。所謂引者，如地球引物下墜，人習不覺，故曰無力；實則地球有吸力爲之。正此所謂下耳。重奮也句，在論式爲推辭。此謂凡物之重，加以相當之力，必奮動也。

22 **經** 生，刑與知處也。

說 生◯楹之生商。不，可必也。

解 畢沅云『刑同形』。孫詒讓云，『此言形體與知識合并同居則生。』楹，盈之繁文。（孫云，『楹，吳鈔本作盈。』）『之』字指經文『形與知』言。白虎通五行篇，『商者強也。』不，當讀爲否。莊子徐無鬼篇郭注，『覕，割也。』（必本有分割義。說文，『必，分極也。』）此必字義同。盈之生商，在論式爲推辭之同。否可必也，乃推辭之異，用爲反證。此謂人之形知充盈，則其生盛強；苟不然者，則其生可覕割也。

本經盈字常見。下文謂堅白相盈而在石，此謂形知盈之而生商；蓋形知之盈於生，正猶堅白之盈於石也。形知既盈於生，則有生之年，皆求知之日，亦卽勞形之日。莊子天下篇謂『墨子好學而博』；又謂『其生也勤。』蓋勞形而求知，正墨者爲生之道。若二者缺一，生乃覕割矣。

此似破莊子之說。按大宗師篇引有顏回與仲尼問答一章。顏回曰，『墮枝體，黜聰明，離形去知，同與化通：原作『同於大通』，茲据淮南道應篇改。此謂坐忘。』仲尼曰，『同則無好也；化則無常也。』蓋墨者視莊生輩之離形去知，殆卽斥爲覕割其生者矣。

23 經 臥，知，無知也。

說 臥○……

解 羅焌云，『上知字乃知材之知，下知字乃知接之知，謂人臥則知識無所接觸也。此乃未入夢時之境界。』按名家認知有所以知之材。人當臥時，僅有知之質，而無知之用；故曰，知無知也。可參閱上文第三第五兩條。

24 經 夢，臥而以爲然也。

說 夢○……

解 夢，應作㝱。說文，『㝱，寐而覺者也。』今通用夢字。莊子齊物論篇云，『方其夢也，不知其夢也。』又云，『昔者莊周夢爲胡蝶，栩栩然胡蝶也。』蓋夜臥之時，忽見山河衡宇，或遇人物怨親；彼時感情激發，若以爲然。迨及覺時，則安寢未移，懵然莫識而已。

25 經 平，知無欲惡也。

說 平○惔然。

解 平，似卽中庸所謂『喜怒哀樂之未發謂之中』也。故曰知無欲惡。

張惠言云，『惔疑當爲憺。』孫詒讓云，『集韻四十九敢云，「憺，或作惔。」說文，「憺，安也。」卽今所謂無欲惡。』按惔，假爲倓；說文『倓，安也。』玉篇，『倓，靜也；恬也。』卽是。

荀子解蔽篇云，『心臥則夢。故心未嘗不動也；然而有所謂靜。不以夢劇亂知謂之靜。』按靜，猶此所謂平及惔然耳。

26 **經** 利，所得而喜也。

說 利○得是而喜，則是利也。其害也，非是也。

27 **經** 害，所得而惡也。

說 害○得是而惡，則是害也。其利也，非是也。

解 右二條言利害之別，相互見意。韓子六反篇云，『夫欲利者必惡害；害者利之反也。反於所欲，焉得無惡?』按喜惡，似與欲惡有別；喜惡果而欲惡因也。故所得而喜，方謂之利；所得而惡，方謂之害。其害也非是也，猶云其不利者非是喜也。其利也非是也，猶云其無害者非是惡也。利害懸於喜惡。雖利中有害，非惡也；害中有利，亦非喜也。大取篇謂遇盜人而斷指以免身。其遇盜人，害也；斷指以存掔，利也。夫遇盜人而有免身之喜，利也；卽有斷指之害，而仍非惡也：故曰其利也非是也。貴義篇云，『今謂人曰，「予子冠履而斷子之手足，子爲之乎?」必不爲。何則?冠履不若手足之貴也。』夫有斷手足之惡，害也；雖有予冠履之利，而仍非喜也：故曰其害也非是也。

28 **經** 治，求得也。

說 治○吾事治矣；人有治；南北之。

解 大取篇云，『於事爲之中而權輕重之謂求。』此求得者，謂權事之輕重而得之也。蓋舉事得其先後緩急，實爲治之要道。

此『人』字指中國人，與上『吾』下『南北』各字對看。孫詒讓云，『有，當讀爲又。』按有，本亦又之繁文。按禹貢曰，『東漸於海，西被於流沙，朔南暨，聲教訖於四海。』鄭玄注，『朔北方也。南北不言所至，容踰之。』此南北之，猶云朔南暨。舉南北，兼東西言。蓋謂治化遠及四海之外而無訖處，亦兼愛無窮之義。

此謂吾一人之事既已治矣；而中國之人又治；乃至東西南北偏遠之地莫不皆治：與儒者言修齊治平無甚異。

29 **經** 譽，明美也。

說 譽○必其行也；其言之忻，使人督之。

解 說文，『必，分極也；从八弋。』段玉裁注，『極，猶準也。立表爲分判之準，故云分極。引伸爲詞之必然。』按立表爲分判之準則，『必』有專決義。論語『毋必』，何晏解爲『無專必』，是也。

人有美行，譽以明之者，欲使專其美行也。譽言令人忻悅，恐其聞之而怠；故當使人察之。說文，『督，察也。』孔子曰，『如有所譽者，其有所試矣。』顏師古曰，『言於人有所稱譽者，輒試以事，取其實效也。』見漢書藝文志注即是。

30 經 誹，明惡也。

說 誹○止其行也；其言之怍。

解 人有惡行，誹以明之者，欲使阻其惡行也。誹言令人愧怍，則悔心生而遷於善矣。論語憲問篇，『其言之不怍，則爲之也難。』可爲本條反語以見意也。

按譽誹二者，有勸善規過之意。墨子常強說人以義，故其書每見此二字也。韓子八經篇因情云，『譽莫如美，使民榮之。毀莫如惡，使民恥之。』又主威云，『明誹譽以勸阻。』並即其義。然此譽嚴而誹寬者，蓋欲杜其巧取之門，而廣其自新之路耳。

31 經 舉，擬實也。

說 舉○告以之名，舉彼實也。

解 說文，『擬，度也。』易繫傳，『擬諸形容。』又曰，『擬之而後言。』皆即其義。實者物之本體也。本體函有性相諸德。如言『堅白石』；石爲本體；而堅爲性，白爲相。堅白爲石之所屬；故舉物擬其實而不擬其德。如告人以石來則喻；告人以堅白來則不喻。荀子正名篇，『名聞而實喻，名之用也。』太史談謂『名家控名責實，參伍不失。』皆是。

說言『告』者，經說下第九條云，『告之，使知也。』告而不知，則非擬實矣。

經說下第五十三條云，『舉「友富商也，」是以名視（同示，下同。）人也。指「猶是𦡶也，」是以實視人也。』其『舉』與『指』相對成文。蓋凡物在未舉之先爲實；在既舉之後爲名。萬物皆實，可以指令人知；異實有名，始可舉以相告。所以指則不必用名；舉則定須擬實矣。

墨辯有正舉狂舉之別，見後。正舉者擬實也；狂舉者不擬實也。

以之名舉彼實也句，在論式爲謍詞。小取篇云，『以名舉實；以辭抒意。』其『辭』卽由『實名』二者組合而成。如上引『友富商也』『友』謂之『實』；『富商也』謂之『名』；『實名』合謂之『辭』。（當參閱下文第八十條）故以辭告人，人莫不喻。易繫傳云，『繫辭焉所以告也。』卽其義。此蓋假『辯術』中『以名舉實』之舉，而比喻『舉擬實也』之舉爲何義。學者須深思之，切勿混爲一談也。

以之名舉彼實，卽以此名擬議彼實之謂。設若有人曰『白馬，』其聞者將不喻其所欲言。必如云『白馬爲馬，』斯聞者方可決其志義。蓋『白馬』卽此之謂『實』；『爲馬』卽此之謂『名』。說者必以『爲馬』之名，以擬議其『白馬』之實，始有完全之志義，令人生其解悟也。說用『告』字尤爲顯明。如上例，若僅說『白馬』而止，則說者心中所欲宣之志義，尙未告人；必繼以『爲馬』之名，始告人以實之何若，以明其志義之所在，而有是非然否之可形也。

韓子說林下篇載齊人有請以『三言』說靖郭君者，曰『海大魚。』因反走。君曰，『請聞其說。』蓋齊人僅說『海大魚』三字，有實而不以名舉，此必無人能知其所欲言；故靖郭君欲聞其餘也。迨後客謂

『大魚蕩而失水，螻蟻得意焉。』斯有實有名而成一辭矣。然則欲通辯學，又烏可不究辭之體用種別邪？

32 **經** 言，出故也。

說 言◯故也者諸口能之出名者也。名，若畫俿也。言也『謂』言，猶名致也。

解 小取篇謂『以說出故，』此謂『言出故也；』則『言』『說』同義。此『故』字與前第一條所謂因果律不同。此乃論式之一物，所以說明辭物之所由然者也。（下第七十二條云，『說，所以明也』。）如上條所引『白馬爲馬』一例，其『白馬』之實，與『爲馬』之名，兩皆聲入心通，並無疑義。迄實名兩合而立『白馬爲馬』一辭；斯時立者之謬與不謬，聞者之許與不許，似皆未可遽判。苟立者不謬而聞者許之，已無辯矣。若立者以爲不謬，而聞者或不許；如公孫龍輩不認『白馬爲馬，』而曰『白馬非馬。』則自龍輩言此立者已犯墨辯所謂『辭過；』（因明謂之『宗過』）其非『能立，』概可知矣。然當此時，苟立者出其正確之『故』以折服龍輩，帖耳而甘心焉；則是非然否之間，必有所定也。

故也者諸口能之出名者也一句，係釋經文『故』之何若，爲『出故』二字之簡別語。名若畫俿也一句，係釋上句『名』之何若，爲『諸口能之出名』之簡別語。

口能者口之機能，猶云口才。孫詒讓云『字書無俿字。』畢沅云，『俿，虎字異文。』按俿虎之繁文。說文，『犬，象形。孔子曰，「視犬之字，如畫狗也。」』字如畫狗，名若畫虎，詞例正同。

『辭』爲立論者所提出而待判決之物；『名』爲主客相對而爲諍論目的之所在；『故』乃主對於客所以應付此『名』之理由而出。如立『白馬爲馬』一辭，苟有疑『爲馬』之名而以爲非者而扣其故，此立者必曰，『白馬有四足故；』或曰，『爲生物故；』或曰，『是獸類故；』或曰『可馳驅故。』凡此諸口能之答案，雖不知其當否；然卽所謂出故之言，皆屬對於『爲馬』之名而發，故曰『故也者諸口能之出名者也。』說文，『走馬謂之馳；策馬謂之驅。』今認定『馳驅』二字專屬馬言，乃擬以『可馳驅故』一言爲『正故；』則此正故卽爲諸口能中之出名者。由是諸口能之不出名者，如『有四足故，』『爲生物故，』『是獸類故，』及一切相同不當之言，皆可簡別之也。

名若畫虎；虎者實也畫則象其形，名則通其義；皆卽前所謂擬實也。故『名』亦卽前『以之名舉彼實』之名。

言也『謂』言，猶名致也：孫詒讓云，『猶，與由通。』按『言也』猶云『言者，』在此爲主詞。言也謂言，猶云『言』之爲言『謂』也。如上例，『白馬可馳驅故』爲『言，』而其所謂之事卽『故。』自此故出，而後『白馬爲馬』之『辭，』始可決定。蓋名家認白馬爲實，故經說下第四條云，『有之實也而後謂之。』此『謂』亦卽其義，故曰『言也謂言。』又如『可馳驅故』一言，乃完全對於辭之『爲馬』與否而致，並非爲『白馬』與否而致。此『爲馬』既爲彼辭之『名，』則『可馳驅故』一言，亦卽由此『名』而致無疑矣。下文第八十條說云，『所以謂，名也。』故此曰『言也謂言，由名致也。』

33 經 且，言且然也。

說 且○自前曰且。自後曰已。方然亦且。

解 且，何以言『且然?』以自前曰且，方然亦曰且之故。自後曰已，譬詞也。

俞樾云『凡事從事前言之，或臨事言之，皆可曰且。如「歲且更始」之且，事前之且也。如「匪且有且」之且，毛傳曰，「此也，」此方然之且也。惟從事後言之，則爲已然之事，不得言且；故云自後曰已。』按俞說甚是。蓋綜合言之，可以區爲三時：(一)自前而言後曰且，爲將，卽未來；(二)自後而言前曰已，爲往，卽過去；(三)不前不後，卽方然，亦曰且，爲今，卽現在。

34 經 君，臣，萌，通約也。

說 君○以若名者也。

解 萌，注家多釋爲民氓，此似不然。韓子難一篇云『四封之內執禽(原作會)而朝名曰臣；臣吏分職受事名曰萌。』或屬古有是說而墨家亦承用之。然則君臣萌三者，正猶尚同中篇所謂『天子，國君，鄉里之長，』是也。玆摘錄彼篇文云，『古之民始生未有政長(原作正長，下同；玆皆据上篇改。)之時，天下之人異義；是以天下亂焉。明乎民之無政長以一同天下之義而天下亂也；是故選擇天下賢良聖智辯慧之人，立以爲天子，使從事乎一同天下之義。天子既已立矣，以爲天下博大，山林遠土之民，不可得而一也；是故靡分天下，設以爲萬諸侯國君，使從事乎一同其國之義。國君旣已立矣；是故擇其國之賢者，置以爲鄉里之長，與從事乎一同其國之義。天子，諸侯之君民之政長，旣已定矣。天子爲發政施敎曰，「凡聞見善者必以告其上；聞見不善者亦必以告其上。上之所是，必亦是之；上之所非，必亦非之。己有善，傍薦之；上有過，規諫之。尙同乎其上，而毋有下比之心；上得則賞之，萬民聞則譽之。下比而非其上者，上得則誅罰之，萬民聞則非毀之。」是故里長順天子之政，而一同其里之義；率其里之萬民以尙同乎鄉長。鄉長固鄉之賢者也。唯以其能一同其鄉之義，而鄉旣已治矣；有同又率其鄉萬民以尙同乎國君。國君固國之賢者也。唯以其能一同其國之義，而國旣已治矣；有率其國之萬民以尙同乎天子。天子者固天下之仁人也。唯以其能一同天下之義，是以天下治也。夫旣尙同乎天子，而未尙同乎天者，則天菑將猶未止也。故古者聖王率天下之萬民，齊戒沐浴，潔爲酒醴粢盛，以祭祀天鬼。其爲政長若此；是故上者天鬼有深厚乎其爲政長也，下者萬民有便利乎其爲政長也。天鬼之所深厚而能彊從事焉，則天鬼之福可得也；萬民之所便利而能彊從事焉，則萬民之親可得也。其爲政若此；是以謀事得，舉事成，入守固，出誅勝者，何故之以也？曰唯以尙同爲政者也。』按里長，鄉長，國君，天子，皆屬政長。政長爲政，皆率下之萬民以一同其義於上之天鬼；則政長者介乎天鬼與萬民之間，而發政施敎者也。政敎由里鄉國以至天子，義皆一同，是非善過，無有下比，所謂通約也。通約，猶云『一同天下之義』而非『異義。』

以若名者也：以，猶謂也。若，猶尙書『欽若昊天』，順也。則此猶云君臣萌之通約，謂順名者也。蓋君臣萌三者相與上同乎天；其所約之義旣同，則約定而名立。順名者治；越名者亂。名苟不正，約亦敗矣。荀子正名篇云，『名無固宜，約之以命。約定俗成謂之宜；異於約則謂之不宜。』蓋此若名卽名之宜者也。

35 經 功，利民也。

說 功○待時。不待時。若衣；裘。

解 張惠言云，『冬資葛，夏資裘，不待時而利。』按此『若衣裘』爲譬詞，本兼同異言之；張說頗得其異而失其同，義未足也。節葬上篇云，『其爲衣裘何以爲？冬以圉寒；夏以圉暑。』史記自序稱『墨者夏日葛衣，冬日鹿裘。』葛衣鹿裘，爲墨家習用之服；故取以譬於功，屬同而言。反之則異，以譬無功。若祇偏及其異，則當作『若冬衣夏裘』；而不僅云『若衣裘』矣。此蓋謂葛衣鹿裘，皆所以利民；然必待時用之而後爲功。苟冬日葛衣，夏日鹿裘，背乎時令，不喜而惡；則功泯而害見，尚何利民之有？呂氏春秋愛類篇云，『民寒則欲火，暑則欲冰；燥則欲溼，溼則欲燥。寒暑燥溼相反，其於利民一也。利民豈一道哉？當其時而已矣。』又召類篇云，『若寒暑之序，時至而事生之。聖人不能爲時，而能以事適時。事適於時者其功大。』皆卽此意。

36 經 賞，上報下之功也。

說 賞○上報下之功也。

解 此以『賞』之一字爲『辭。』夫一國爲政，必有所以賞者；然所賞之道非一端也。墨家『上功，』於此乃出故曰『上報下之功也。』蓋下有利民之功，上明其美以報之，昭其勸也。韓子六反篇云『若夫厚賞者非獨賞功也，又勸一國。受賞者甘利，未賞者慕業，是報一人之功而勸境內之衆也。』此即其義。

37 經 罪，犯禁也。

說 罪○不在禁，惟害無罪。若殆。

解 罪，當作辠。說文『辠，犯法也。秦以辠似皇字改爲罪。』按犯禁，即犯法也。梁啓超云，『雖字，誤爲惟。』按二字古通，非譌字。梁又云『犯禁謂之罪。事苟不在禁令中，雖妨害人亦無罰，例如「殆」。殆者何？行路相擠也。荀子榮辱篇云，「巨涂則讓；小涂則殆。」是其義也。「殆」雖妨害他人；然非法所禁，不能加罰也。』按梁說是。惟釋殆字爲行路相擠，似非荀子本義。楊倞注，『殆，近也。』孫詒讓云，『殆，疑當爲隸之叚字。說文隶部云，隸，及也。』又經說下『殆於城門』注云，『案殆與逮聲義相近；謂近而相及，不爭先也。』按孫說是。竊意小涂則殆者，小途衹可單行，勢不能讓；故後者當尾追及於前者，以免濡滯妨人前進也。曲禮『堂上接武，』亦是此意。蓋尾追相及，未遑禮讓；老少男女，不免搶攘。此雖背乎世法，然不得謂之犯禁；故曰無罪。（可參閱下經第三十六條）

禮王制篇，『道路：男子由右，婦人由左，車從中央。父之齒隨行，兄之齒鴈行，朋友不相踰。』按此即世法，期民行之。縱有所犯，亦不過孟子所謂『徐行後長者謂之弟，疾行先長者謂之不弟』（告子上篇）而已。然淮南齊俗篇云，『帝顓頊之法，婦人不辟男子於路者，拂於四達之衢。』高誘注，『拂，拚也。』太平御覽引作『祓』注云『除其不祥。』據此，似婦人在途不讓者，當衆辱之以示罰也。古有此法與否，不得而知；茲引之以證成吾說耳。

38 **經** 罰，上報下之罪也。

說 罰○上報下之罪也。

解 說文『報，當皋人也。』史記路温舒傳有曰，『奏當之成。』司馬貞引崔浩云，『當，謂處其罪也。』按此云『報罪，』其意正同。引申爲凡讎報之義，故上條有『報功』之語。荀子正論篇云，『凡爵列官職賞慶刑罰皆報也，以類相從者也。』予嘗釋之云『報謂報其功罪，以類相從，謂賞當其功，罰當其罪也。』即是。楊倞謂報其善惡，殊誤。

前謂譽明美，誹明惡；此謂賞報功，罰報罪：頗有下上名實之分，故別言之。然墨子亦常以賞譽誹毀（一作罰）並舉；如尚同下篇云『今此爲人上而不能治其下，爲人下而不能事其上；則是上下相賊也。何故以然？則義不同也。若苟義不同者有黨：上以若人爲善，將賞之；若人雖使得上之賞而避百姓之毀，是以爲善者必未可使勸見有賞也。上以若人爲暴，將罰之；若人雖使得上之罰而懷百姓之譽，是以爲暴者必未可使沮見有罰也。故計上之賞譽，不足以勸善；計其毀罰，不足以沮暴。此何故以然？則義不同也。然則欲同一天下之義；偏天下之人，皆欲得其長上之賞譽，避其毀罰。是以見善不善者告之；天子得善人而賞之，得暴人而罰之。善人賞而暴人罰，天下必治矣。何也？唯能以尚同一義爲政故也。』蓋尚同一義，上之爲政，可得下情，而明於民之善非；則誹譽可憑，賞罰亦中矣。

39 經久，彌異時也。

說久○合古今旦莫。

40 經宇，彌異所也。

說宇○冡東西南北。

解 古書宇宙並舉以宇言『方』，玉篇，『宇，方也。』以宙言『時。』今謂宇爲空間（Space），宙爲時間(Time)。說文『宇屋邊也，宙舟輿所極覆也。』若引申之，凡邊際謂之宇；凡極覆謂之宙。故莊子庚桑楚篇云，『有實而無乎處者宇也；案乎，當讀爲垺。類篇，『垺，埒也。』嚴復云，『處，界域也。』有長而無本剽末者宙也。』由是而宇宙之爲義，其『實』至於無邊，其『長』至於無極。三蒼謂『四方上下爲宇；往古來今曰宙』庚桑楚篇釋文引 似猶限於名相矣。

墨經宇宙作『宇久。』說文，『久，象人兩脛後有距也。』段玉裁謂『相距則其候必遲，故又引伸爲遲久。』按遲久，演之卽爲長久，亦與宙之引伸義同。玆因本書宇久二字所關甚大，故詳說之於此。

玉篇，『彌，偏也。』莫，暮之本字，今通用暮。說文，『冡，覆也。从冂，从豕。』集韻，『冡，通作蒙。』古今旦暮之異時，東西南北之異所，皆由人所假定以資應用。苟彌偏異時，卽合乎古今旦暮；彌偏異所，卽蒙乎東西南北：則垺處盡泯，本末全消。所謂宇久者，祇一無邊之實無極之長耳。

印度勝論派『實句義』亦有『時方』二者。彼謂時方自身，乃一『單獨靜正常住普遍之實體，』本爲絕對因受限制，始生古今旦暮東西南北等類之區別。蓋此久彌異時，宇彌異所，亦就常偏言之；其異時異所始由人事爲之晝分也。

41 **經** 窮，或有前不容尺也。

說 窮○或不容尺，有窮；莫不容尺，無窮也。

解 『或』者域之正字也。有同又。尺即線。二者皆已見前。域又前不容線者，域之邊際爲線；苟再前進，則不容線，即窮矣。或不容尺有窮，與經文同意。莫不容尺無窮句，係反言之，猶云無窮則莫有不容線者。蓋就無窮之『有』言，而非無窮之『無』耳。名家務『實』，於此益見。經說下第六十三條云『久，有窮無窮。』又第七十三條云，『南者，有窮則可盡；無窮則不可盡。』莊子天下篇，『南方無窮而有窮』。按『或』與『南』皆即宇之異所；則宇久二者，皆有『有窮無窮』之說也。

42 **經** 盡，莫不然也。

說 盡○但止動。

解 盡者包舉之詞。小取篇云，『或也者不盡也。』或，即區域字。一區域不能包舉宇內，故曰不盡。反之乃盡，故曰莫不然。

『但止動』三字係譬詞。『但』即下第六十七條說『端與端但盡』之但。但止動者，猶言但止無動，但動無止也下云，『動，或從也。』『止，以久也。』但止者，物在止時，並無縱之者爲之動也。但動者，物在動方，並無灸之者爲之止也。如此，則止之動之皆盡故曰莫不然。易繫傳云，『夫乾，其靜也專，其動也直，是以大生焉。』按專則永靜，（即永止也）直則永動，義與但止動同；而『大』亦盡也。

43 **經** 始，當時也。

說 始○時，或有久；或無久。始，當無久。

解 莊子知北遊篇稱『冉求問於仲尼曰「未有天地可知邪？」曰「可，古猶今也。無古無今；無終無始。」』按以常法論，謂時將來無終似尚爲可。若謂過去無始則已涉於不可思議之域，雖聖人恐亦不能知其所以焉。（呂氏春秋有始覽云，『天地有始。』文子自然篇亦云，『天下有始，莫知其理，惟聖人能知其所以。』）故齊物論篇云『有始也者；有未始有始也者；有未始有夫未始有始也者。』殆亦謂有始而際乎無始矣。然世俗仍謂之有始者，大氏以當其時爲率。當，相値也。蓋久彌異時，若環無端，故云無終無始。（荀子王制篇云，『始則終，終則始，若環之無端也。』）若異時必分間斷；譬諸旦暮，即以相値於日夜之初時爲託始也。所以齊物論篇又云『日夜相代乎前，而莫知其所萌。已乎！已乎！旦暮得此其所由以生乎！』按即其義。

宇彌異所，亦如環中無有起止，然仍謂之有始者，莊子天下篇釋文引司馬彪云，『循環無端，故所行爲始。』即是。（參閱下經第六十三條）

時或有久或無久二句，爲經文之說明語。

時分爲二(一)或有久(二)或無久。或有久者，就古今旦暮分言之也。或無久者，就古今旦暮合言之也。經說下第六十四條云『先後，久也。』蓋分言古今旦暮而有先後耳。故有久，即謂分割時間而有先後。無久，即謂時間若環而無間斷。由是始之云者，謂從此無間斷之時間中，隨其所值之際而定之也。云『當無久』而不云『當有久』者，有久即由『當無久』而得；故曰『始當無久。』

44 **經** 化，徵易也。

說 化○若鼃爲鶉。

解 徵易者，楊葆彝云，『驗其變易也。』按列子周穆王篇云，『窮數達變因形移易者謂之化。』淮南齊俗篇云『不通於物者，難與言化。』又氾論篇云，『聖人見化以觀其徵。』皆即徵易之義。若鼃爲鶉，說文『鼃，蝦蟆屬。』故論衡道虛篇作『蝦蟇化爲鶉。』又淮南齊俗篇云，『夫蝦蟆爲鶉，生非其類；唯聖人知其化。』荀子正名篇云『狀變而實無別而爲異者謂之化。』楊倞注，『狀雖變而實不別爲異所，則（讀同斯即）謂之化。化者改舊形之名，若「田鼠化爲鴽」之類。』按『田鼠化爲鴽，』見禮記月令篇呂氏春秋季春紀淮南時則篇。淮南高誘注，『鴽，鶉也。青徐謂之鴾，幽冀謂之鶉。』而列子天瑞篇正作『田鼠之爲鶉。』凡此皆可互證。（可參閱上經第八十五條校語）

45 **經** 損，偏去也。

說 損○偏也者兼之體也。其體或去；存。謂其存者損。

解 曹耀湘云，『去其一偏是爲損；若全去，不謂之損也。』

偏也者兼之體也句，係經文簡別語。其體或去存句，係上句說明語。上第二條云『體，分於兼也。』說云，『若二之一；尺之端也；』蓋此偏既爲兼之體；則偏去者，猶云二之去一，尺之去端也。後第六十條說云，『二尺與尺，但去一。』因祇去一，必有存一；則所謂體者，有去有存也。有去有存，則此體或就去言，或就存言，皆可；故曰其體或去存。

謂其存者損句，『損』係主詞，猶云『損謂其存者；』即謂其所存之體也。曹耀湘云，『不曰去者損而曰存者損，何也？去者已去，不可曰損也；存者失其偶，故曰損也。』

偏去二字在墨辯爲極要之詞，學者不可略過也。如言『白馬，』可以偏去其白之一，而曰『白馬爲馬；』且不曰損者其白而曰損者其馬。然馬爲實而白爲德。德既偏去，在馬則損；若就實言，則又不得謂之損矣。可參閱下經第七條

46 經 益，言利大。

說 ○昫民也。

解 墨子常言『交相利，』卽有益於人我之間。人我皆益，故曰利大。

說文，『昫，日出温也。』又『煦，温潤也。』二字古本通用。天日照人，昫嫗温潤，下民偏被其澤；引申爲凡温潤之稱。蓋益之爲言利大，以其潤民故也。管子樞言篇尹知章注『日者萬物由之以煦，功莫大焉。』正

合此義。

上第三十五條云，『功，利民也。』與此『益』曰『昫民也，』同一句法。但昫民之益，不止利民之功而已；故曰益言利大。

47 經 儇，𥝉秪。

說 儇○……

解 儇𥝉秪，孫詒讓云，『當爲「環倶柢，」皆聲之誤。』按孫說是。但三字皆假借字，非聲之誤。孫云，『爾雅釋言「柢本也。」凡物有耑則有本。環之爲物，旋轉無耑，若互相爲本，故曰倶柢。』按孫說是。蓋環乃無端；譬之一輪，寘諸地面，必有相切之處，所謂柢也。以其爲環，則無一非柢，故曰倶柢。考工記，『望而眡其輪，欲其幎爾而下迆也；進而眡之，欲其微至也；無所取之，取諸圜也。』鄭玄注，『進，猶行也。微至，至地者少也。非有他也，圜使之然也。』其意正與本條相會。

莊子天下篇載惠子有『連環可解』之語，卽謂環之倶柢於地者，自可分成多環，又將甚多之連環解之以示人也。

公孫龍輩『輪不蹍地』之說，卽反乎此。

48 經 庫，易也。

說 庫○區穴。若期貌常。

解　釋名釋宮室云，『庫，舍也；物所在之舍也。故齊魯謂庫曰舍也。』後漢書竇融傳有『金城太守庫鈞。』注引前書音義云『庫，姓，卽倉庫吏後也。今羌中有姓庫，音舍。』按墨子，魯人；此當讀庫爲舍。舍易音近，義亦通也。

說文朙部謂『古文朙從日月』作明，而易部又引祕書說『日月爲易，』則易有明義。淮南俶眞篇云，『莫窺形於生鐵而窺於明鏡者，以覩（俞樾說此衍文）其易也。』卽此易字。愼子威德篇『闢戶牖，必取已明焉。』莊子人間世篇，『虛室生白。』皆卽庫易之義。管子宙合篇，『區者虛也。』太玄玄攡注，『區，虛也。』莊子庚桑楚篇，『明則虛。』蓋庫舍之明，以其爲虛穴故。

若期貌常，譬詞。期，假爲旗，同從其聲也。左傳『楚司馬子期，』呂覽高注作『子旗。』秦策『中期推琴，』史記魏世家作『中旗，』並可爲證。釋名云，『旗，期也；言與衆期於下。』則旗期二字義自可通。貌者畫也。荀子禮論篇楊倞注，『䫉，（按卽貎之或體）讀如邈；像也。今謂畫物爲䫉。』卽是。常者，周禮司常職云，『日月爲常。』又云，『王建大常。』鄭玄注，『王畫日月，象天明也。』釋名云：『九旗之名日月爲常，畫日月於其端，天子所建；言常明也。』按旗畫日月，卽取明義，故得相譬。（貎常之義，略采曹說。）

經上篇上截共四十八條完

49 **經** 動，或從也。

說 動◯偏祭從。若戶樞免瑟。

解 從，從縱之省文。然從縱，古今字。動或縱者，物本靜止，不得無故自動；或以力縱之則動矣。

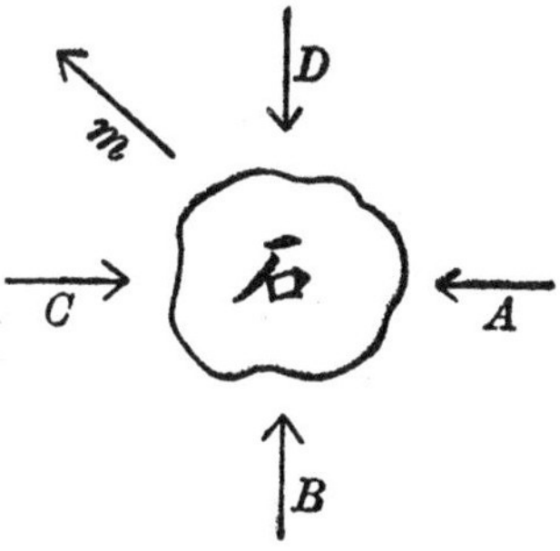

祭，際之省文。廣韻，『際，邊也。』此偏祭從，卽偏際縱；猶云側邊縱之。有一巨石於此，正面掔之莫之或動者，力不勝也。若由側邊縱送，（呂氏春秋節喪篇注云，『從，送也。』）則易動矣。又如上圖：以ABCD四相等之力加於一石，亦不必動。何則?勢均故也。若祇加以AB二力，則石必向m方移動，何則?偏際故也。

若戶樞免瑟，譬詞。說文，『樞，戶樞也。』漢書五行志下之上顏師古注，『樞，門扇所由開閉者也。』瑟，疑當讀爲閟，同從必聲。段玉裁以二字古音並在十二部，故得通用。說文，『閟，閉門也。』引申之，如詩載馳閟宮傳曰，『閟，閉也。』而小字本白虎通禮樂篇亦云『瑟者閉也。』（據陳立疏證所說）瑟閟皆可訓閉，知二字實如一字矣。又從必之字，多與閉通。如既夕禮，『有柲。』鄭玄注引詩秦風『竹柲緄縢，』而今詩柲作閉，是也。說文，『閉，闔門也；從門，才所以歫門也。』（才，疑弋篆文之誤。弋亦聲。）又闟閉雙聲；連文故說文云，『闟，以木橫持門戶也。』（閑字逕從門中有木）蓋歫門用直木橫持之，所謂閟也，亦卽瑟也。（疑瑟塞通，故閉塞亦連文。）免瑟者，猶云去木啓戶耳。

戶樞盤旋一側，卽謂偏際也。瑟以歫之，不得遷轉。免瑟者，縱之動也；故得舉以相譬。

本條自孫詒讓讀『或』爲域，改『從』爲徙，學者宗之，迄無異議。不知縱送移徙同屬動象；而縱之使去，尤合動機。或縱釋動，正其優義，不必改也。

此以『或從』釋『動』與次條『以久』釋『止』，相對成文。今人多以此『久』爲宇久之久，以『或』爲宇之一域；又因後有『宇或徙』一條，（經下第十三條）遂謂此言地動，不免浮誇。

50 經 止，以久也。

說 止○無久之不止，當牛非馬，若矢過楹。有久之不止，當馬非馬，若人過梁。

解 王闓運云『久，謂撐柱也。記曰「久諸牆」。夕以象行，乀以象有物久之。止物者物本不止，以有久者故止。』按王說絕妙。据今動力學（Kinetics），凡物體當運動時，如欲其止，須以力久之；故曰止以久也。

按說文久部引周禮曰，『久諸牆以觀其撓』。今攷工記作『灸諸牆以眡其撓之均也』。鄭玄注，『灸猶柱也，以柱兩牆之間』。

牛頓動例第一項云，『凡物之動也，若無外力以久之，則必不自止。』故此曰無久之不止。若矢過楹者，鄉射禮記曰『射自楹間』。故此云矢過楹。如甲圖設兩楹間爲矢之不止部分，苟無外力以久矢之進行，則矢不得止於兩楹間也。當牛非馬，孫詒讓曰，『淮南齊俗篇云「從牛非馬」，疑卽此義。』按孫說是。案淮南云，『今知修干戚而笑钁插，知三年而非一日；是從牛非馬，以徵笑羽也。』蓋或謂此牛，或謂非馬，絕無疑慮，正與無久不止之義相當，故取爲況。有久之不止，若人過梁，亦卽反證物之有久之必止。孫云，『梁，謂橋梁。』蓋人爲力之施身，行於

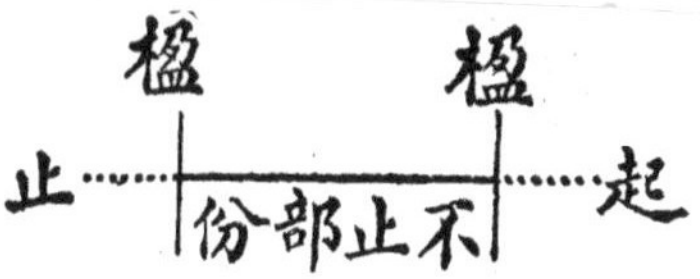

甲

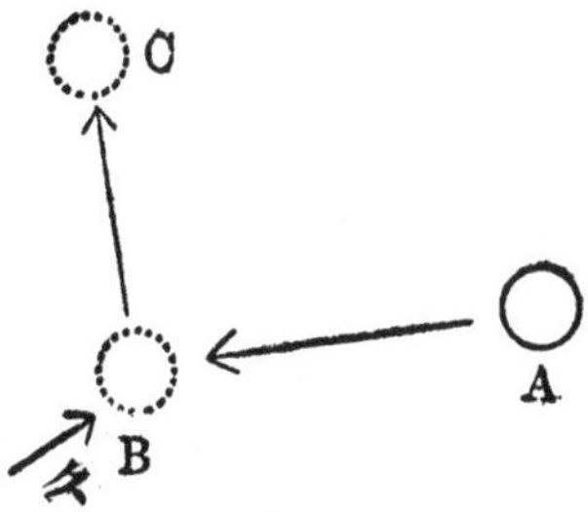

乙

大道，忽阻以江，所謂有久之者也。然不因江而止，乃過夫梁；特動態稍變耳。此如乙圖A毬飛向B方，忽遇久者，便向C去；而不止於其所者，以久之之力有偏激耳。當馬非馬者，若或言馬，或言非馬，與有久之不止，皆可『爭彼』以成辯。此兩義相當，故亦用以為況。呂氏春秋博志篇云，『矢之速也而不過二里，止也；步之遲也而百舍，不止也。』句法與此略同。

51 **經** 必，不已也。

說 必○一然者；一不然者必；不必也。是非必也。

解 說文『必，分極也。』段玉裁注，『極猶準也。凡高處謂之極。立表為分判之準，故云分極。』按段注甚合古義，此『必』亦即分極之意。細玩本條，似與德人赫格爾之論證術(Hagel's Dialectic Method)略同。赫氏以為世間一切事物，其演進定須經過三段程序。如下式：自甲之狀態演進而至乙之狀態時；其間應經過一甲與非甲之矛盾境界，然後可達至乙之狀態。此第一狀態甲謂之正(Thesis)；第二狀態非甲謂之反(Anti-thesis)；第三狀態乙謂之合(Synthesis)。既合成正，復有反者，而後新合生。

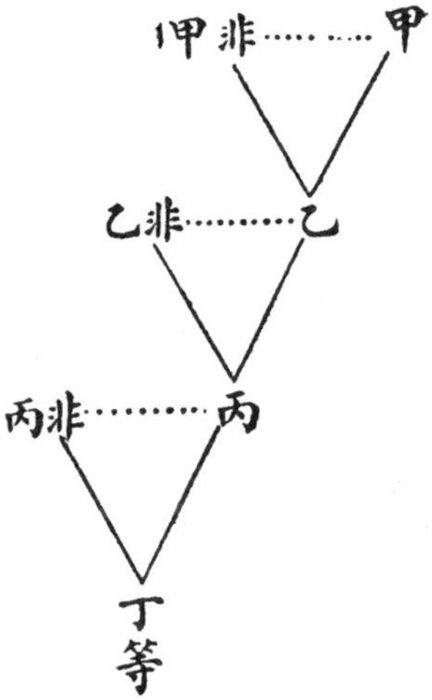

如此一正一反，倚伏乘除，而誠明可得。故其言曰『誠則明矣；明則誠矣。』(All that is real is reasonable; All that is reasonable is real.)

是非必也句，爲經文必不已也所出之故。『必也』二字爲主詞，猶云必者是非也。

一然者，一不然者，係譬詞。必不必也，係譬詞之說明語。

蓋經文祇言必，義函不必，而未嘗明言，恐有不解於譬詞之『然不然』者；故又以『必不必』補敍之也。

天下事理，皆由循環程序而演進；赫氏之言是也。故彼所謂正，卽此之一然者，亦卽必。所謂反，卽一不然者，亦卽不必。正反二說絕對相持，而是非生焉。是非之生，必有不必；則分判之準未見極也。蓋自第三者出，執其兩端以用其中，表裏精粗，遞爲主客；而人羣之演進，亦相與層出不窮而無所止之矣。故曰必不已也。

『必』與『彼』甚有聯義可言，故下第八十三條說云『非彼必不有，必也。』又當參閱第七十三條。

52 **經** 平，同高也。

說 ○謂臺執者也。若弟兄。

解　平同高者，幾何理也。如圖：ABC爲三角形。AB爲底邊。自頂點C引垂線CD爲高。今由AB之中點F，引一與CD等高之垂線EF，接連CE二點，則CE線必與AB線平行。故曰平同高也。

陳澧云，『此卽海島算經所謂兩表齊高也。又幾何原本云，「兩平行線內有兩平行方形，有兩三角形，若底等則形亦等。」其理亦賅於此。』按陳說近是。

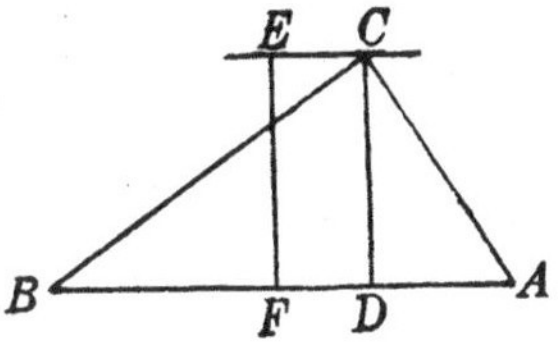

謂臺執者也句，在此爲出故之說，頗似譬詞；特例也。

方言二云，『臺，敵，匹也。東齊海岱之間曰臺。自關而西，秦晉之間，物力同者，謂之臺敵。』廣雅，『匹，臺，敵，輩也。』王念孫曰，『臺之言相等也。』釋名，『臺，持也。』廣韻，『擡，舉也。』綜觀諸訓，臺有同力執持相等之義。今通俗又謂舁爲擡。說文，『舁，共舉也。』然則『臺執者』猶言二人臺物而各以兩手執持之也。二人臺物，其高必等；正與前圖『CD』『EF』二線之臺『AB』『CE』二線之形相同。故曰謂『臺執者』也。

若弟兄句，取喻於平。惟臺執者就勢平言；弟兄就分平言耳。

53 經 同長，以缶相盡也。

說 同◯楗與狂之同長也。

解　盧文弨云，『正，古文正；亦作缶。』畢沅云，『缶，卽正字，唐大周石刻「投心缶覺」如此。』孫詒讓云，

『集韻四十五勁云「正，唐武后作缶。」亦見唐岱岳觀碑。』按墨子多古文，正字疑本作𤴓。自武后時改正爲缶，至今仍之耳。

禮記玉藻鄭玄注云『正，直方之間語也。』賈子新書道術篇云，『方直不曲謂之正。』則正有方直之義。上文第四十二條云，『盡，莫不然也。』又下第六十七條說云『尺與尺，俱不盡。端與端，但盡。尺與端，或盡或不盡。』皆此盡字之義。

此不言長而言同長者，以長之度可至無窮，無所標準故也。世俗之所謂長，概由二者比校而得；故言同長。短亦互見。正者直也。二物同長，當以直相盡。一曲一直，則不相比，卽不相盡矣。說文矢部『短，有所長短，以矢爲正，从矢。』段玉裁注云，『榘字下曰「矢者其中正也。」正直爲正，必正直如矢而刻識之而後可裁其長短。故詩曰，「其直如矢。」』按許君訓『短』恰合本條言『長，』可互印證。段注亦足參考。楗與狂之同長也句，係譬詞。說文，『楗，限門也。』（段本改作歫門也）又閑字下云『從門中有木。』老子，『善閉者無關楗而不可開。』范應元注，『橫曰關，直曰楗。』按門中有木，橫直皆可名曰關楗；今多用之。狂，疑假爲匡；二字本皆從㞷聲作狌匩，隸省作狂匡也。考工記，『則輪雖敝不匡。』鄭玄注，『匡，枉也。』按匡無枉義；蓋彼匡之假爲枉，正猶此狂之假爲匡。匡訓爲方正。莊子齊物論篇『筐牀。』釋文，『筐，本亦作匡。崔云，「筐，方也。」一云，正牀也。』卽是。說文，『㯿，匡當也。』段玉裁注，『匡當，今俗有此語，謂物之腔子也。』按腔子，今亦作框子，如言門框之類；古祇作匡。

楗與匡之同長者，楗爲直物，匡爲方正之形。凡楗無論縱橫，皆可與匡之高闊相盡，故曰同長。此因取譬至近，藉易明耳。

54 **經** 中，同長也。

說 中○心。自是往相若也。

解 此言幾何學圜心及半徑之理。幾何原本云，『圜者自界至中心作直線俱等。』如圖：設ABCD爲一圜，O爲圜之中；則OA，OB，OC，OD各線俱等。張惠言云，『從中央量四角，長必如一。』按EFGH爲四角方形，O爲其中；則OE，OF，OG，OH，雖皆同長，然僅止四角如此，不能推概其餘也。幾何原本云，『圜之中處爲圜心。』故此以『心』爲喩。自是往者，自中心往也。蓋自圜心出半徑至周必等長，故曰相若。新論云，『左手畫方，右手畫圓，執規矩之心。』則方圓皆有心也。故此統言圜與方之中心亦可，觀圖可知。

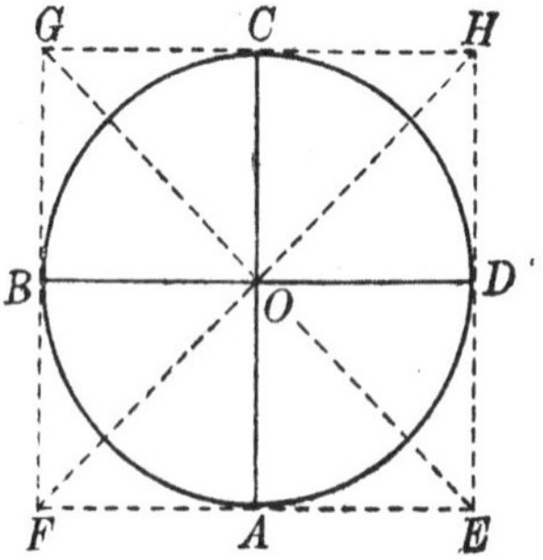

55 **經** 厚，有所大也。

說 厚○惟無所大。

解 本條似難措思。然惠施云，『無厚不可積也，其大千里。』見莊子天下篇 二者參校，頓見黨曉。蓋『大』有能大所大之別。能大，猶惠子所謂積；所大，亦猶所謂千里。故厚有所大者，謂有積則厚，其大千里也。蓋言厚可以見薄，言大可以見小，四者皆有究盡之義焉。惟厚大每無標準，而薄小幾類極微。既類極微，勢必無積；積則必厚，厚則有所大也。

說言惟無所大，蓋論式異推法，猶云惟無所大者無厚也；反之，凡有所大者皆厚。 亦卽下文第六十五條說云「無盈無厚」之義。盈，猶積也。蓋無積必不能厚，而無厚亦必不可積。惠子之言，一正一反，恰與此同，可比觀也。

幾何原本云，「面者止有長有廣。」又云，「點爲線之界；線爲面之界；面爲體之界。」此因點爲至小，故面爲至薄，面止有長廣而無積厚，有積而又有長廣之面也。

56 **經** 日中，缶南也。

說 ……

解 此中，卽上條「中同長」之義。日中正南，猶云日之出入線同長爲正南方也。周髀云，「冬至晝極短，日出辰而入申，陽照三不覆九；趙爽注云，「陽，日也。覆，猶偏也。照三者，南三辰巳午未。」東西相當正南方。趙注，「日出入相當，不覆三辰，爲正南方。」夏至晝極長，日出寅而入戌，陽照九不覆三；趙注，「不覆三者，北方三辰亥子丑，冬至日出入之三辰屬晝，晝夜互見；是出入三辰分爲晝夜各半明矣。」東西相當正北方。日出左而入右，南北行。」按周髀具言正南正北，此只言正南者，舉南可以該北也。淮南天文篇亦只言南，省言北。其文云「日冬至，日出東南維，入西南維。至春秋分，日出東中，入西中。夏至，日出東北維入西北維。至則正南。』所言正南，實兼及正北，與周髀語異而義同，觀圖可知。

57 **經**直，參也。

說……

解　本條文不甚具。陳澧云，『此卽海島算經所謂後表與前表參相值也。』按如陳說，疑此卽古代求地中之法。周禮大司徒職云，『以土圭之法，測土深，正日景，以求地中。日南則景短，多暑。日北則景長，多寒。日東則景夕，多風。日西則景朝，多陰。日至之景，尺有五寸，謂之地中。』淮南天文篇云，『正朝夕：先樹一表東方；操一表卻去前表十步，以參望日始出北廉，日直入。又樹一表於東方，因西方之表，以參望日方入北廉，則定東方兩表之中與西方之表，則東西之正也。』周髀云，『以日始出立表而識其晷，日入復識其晷。晷之兩端相直者正東西也；中折之指表者正南北也。』錢塘嘗作『正朝夕圖，』已見上條 其說曰，『正朝，日在甲。樹一表東方，景到庚。又樹一表西方，從北廉望日；是西表在景北也。正夕，日在辛。復樹一表東方，亦從北廉望日；卽西表則在景南

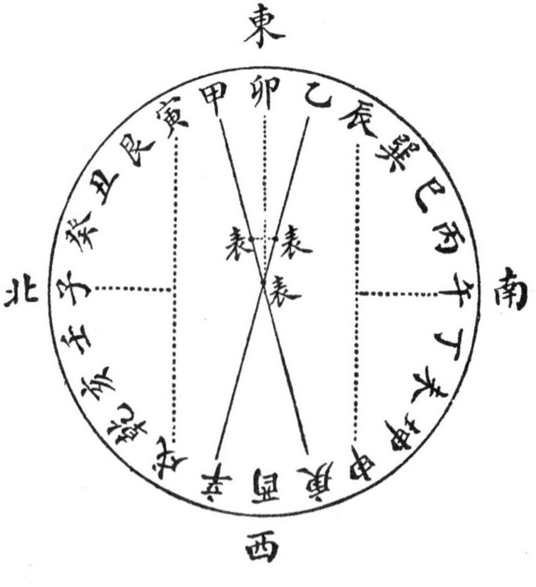

而景至乙。此則二景交於西表之東而爲正中也。故取東二表之中，以直西方之表，而得正東方。此卽後世三角法之祖。』按求地中正朝夕之法，古代皆同，大氐不外『參直』之義。隋書天文志引祖暅錯綜經注以推地中之法曰，『先驗昏旦定刻漏，分辰次。乃立儀表於準平之地，名曰南表。漏刻上水居日之中，更立一表於南表影末，名曰中表；夜依中表以望北極樞而立北表，令參相直：三表皆以縣準定。乃觀三表直者，其立表之地，卽當子午之正。三表曲者地偏僻；每觀中表以知所偏。中表在西，則立表處在地中之西，當更向東求地中。若中表在東，則立表處在地中之東也；當更向西求地中。取三表直者爲地中之正。』綜右諸說，參直之義，略可見矣。經說下弟三十八條云『衡指之，參直之也。』衡爲橫；則直應卽交午之直，故曰參直。其用語雖殊，義實同也。

58 **經** 圓，一中同長也。

說 圓○規寫交也。

解 劉嶽雲云『此謂圓體自中心出徑線至周等長也。』按此係論幾何學圓周及直徑之理，與前第五十四條不同。幾何原本云『圜者，一形於平地居一界之間，外圜線爲圜之界，內形爲圜。』又云『自圜之一界作一直線，過中心至他界，爲圜徑。』按一圓衹一心，圓內任作穿心直線，皆必相等；故曰一中同長。如圖ACBD爲圜，O爲圜心，自O穿過作AB，CD等線，其

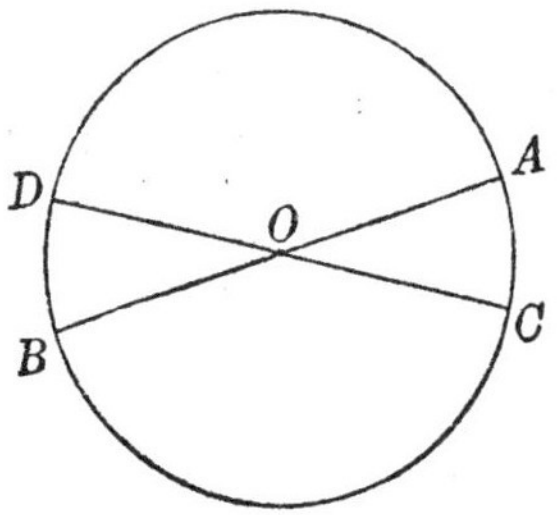

AB必與CD同長。

玉篇云，『規，正圓之器也。』孫詒讓云，『凡以規寫圜形，其邊線周匝相湊謂之交。或為直線以湊圜心，中交午成十字形，亦謂之交。』按孫前說是；後說係指直徑言，不用規寫也。呂氏春秋圜道篇云，『圜周復雜。』高誘注，『雜，猶匝。』幾何原本云，『圜是一形，乃一線屈轉一周復於元處所作。』如圖：用規一股刺圜心O，以又一股自A起作邊線過CBD而交於A，卽成圜周；故曰規寫交也。說文，『○，（音圍）回也；象回帀之形。』又『圜，圜合也。』是圜者周邊圍繞，回帀成合，為一圜形。然則規寫交者，殆卽今幾何學所謂『作圖』是已。

59 經 方，柱隅四讙也。

說 方○矩見交也。

解 畢沅云，『讙，疑維字。』孫詒讓云，『讙，吳鈔本作驩，疑皆雜之誤。』張惠言云，『讙，亦合也。』按三說皆不甚諦；意讙或驩皆權之假字。大取篇云，『權，正也。』卽其義。柱隅者，柱卽方之邊；（亦曰廉）隅卽方之角。四權者，方之四柱皆正邊，四隅皆正角也。（正邊卽直線；正角卽直角。正直二字義同。）如圖：AB，BC，CD，DA四柱，皆為正邊。DAB，ABC，

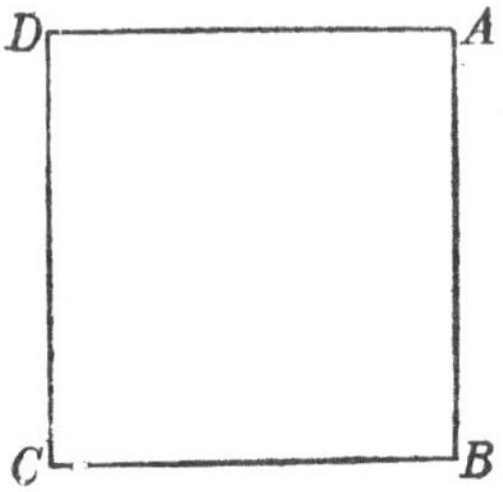

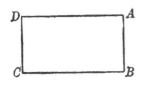

BC，CDA四隅，皆爲正角。故曰杜隅四權也。荀子不苟篇楊倞注云，『矩正方之器也。』皃爲畫義，見前第四十八條所解。蓋以矩畫方，其邊必匝四相接；周易乾鑿度鄭玄注所謂『方者徑一而匝四也』即是。如圖：AB，BC二線相交於B。BC，CD二線相交於C。推之AD二點，亦皆各以二線相交。故曰矩皃交也。

60 經 倍，爲二也。

說 倍○二尺與尺，但去一。

解 畢沅云，『倍之是爲二。』楊葆彝云，『卽加一倍算法。』按前第二條說云『若二之一。』管子乘馬篇聖人節云，『上爲一，下爲二。』尹知章注，『下之效上，必倍之也。』蓋二爲一之倍數，故曰倍爲二也。

張惠言云『二尺與一尺，但相較一也。』按去者差也。『二尺與尺』之尺，今謂之名數。『但去一』之一，與『二尺』之二皆不名數。則此二尺與一尺，雖屬名數；而所相差之一者，但爲不名數耳。

本條卽算術所謂倍數例 (Law of Multiple) 之理。蓋凡某數以二乘之，其所得必爲某數之倍數。故一乘二得二，二卽一之倍數；三乘二得六，六卽三之倍數：所謂公倍數者是也。故曰倍爲二也。

61 經 端，體之無序而最前者也。

說 端○是無同也。

解 陳澧云，『按端卽西法所謂點也。』畢沅云，『序，言次序。』張惠言云，『無序，謂無與爲次序。』孫詒讓云，『依畢張說，則序當爲敍之叚字；謂端最在前，無與相次敍者。故說云，「端，是無同也。」似與說義尤合。』按諸說皆是。上文第一條說云，『體也若有端。』又第二條云，『體，分於兼也。』說云，『若二之一；尺之端也。』此端，此體，皆卽其義。蓋『體之』『之』字，泛指『物』言；則『體之』猶云分物也。端爲極小之一，無可斱半；（參閱經下第六十條）絕對獨立，不容爲二。今分物至於極微，更無有與之相比次者，卽端是也。故曰端體之無序。又序敍通緒，而緒餘連言。意初係序從予聲，敍從余聲；予余聲通，序敍相假之故。繼以敍餘同從余聲，故緒亦得訓爲餘也。所以此『序』若解作緒餘，意謂分物無餘卒成小一；尤與斱半之義爲洽。最前，猶云最初。陳澧曰，『幾何原本云，「線之界是點。」點爲線之盡處，是最前也。』梁啓超云，『凡形皆起於點。』按二說皆是。中庸，『執其兩端。』疏云，『端，謂頭緒也。』頭緒亦最前之義。是，題之省文。說文，『題，頟也。从頁；是聲。』按題旣以『是』爲聲，則二字皆可讀『徒兮反』矣。（是音徒兮反，見公羊僖十六年傳疏）題在此爲譬詞。說文，『耑，物初生之題也。』段玉裁注，『題者頟也。人體，頟爲冣上；物之初見，卽其頟也。古發端字作此。今則端行而耑廢，乃多用耑爲專矣。周禮磬氏，「已下則摩其耑」，耑之本義也。左傳，「履端於始，」假端爲耑也。』按据段說，題字之義甚明；故得相譬。蓋物之初生，卽最前也。說之『無同』二字爲出故之辭，本爲經文而發；然實按之，殆卽針對『無序』二字而言。蓋端之爲物，旣無有相爲比次者；則其絕對獨立，必亦無有與之相同者矣。故曰無同也。

62 經有間，中也。

說有○門耳。謂夾之者也。

解 畢沅云『間隙是二者之中。』按畢說未盡其義。蓋此『中』卽由二間所成；易言之，猶云有二間必有一中也。莊子養生主篇，『彼節者有間，而刀刃者無厚；以無厚入有間。』其有間亦屬中言，卽畢所謂間隙者也。蓋本條與次條文極相反。次條言間不及旁；本條言有間則必及旁，必及旁乃有中也。此因爲間無數；若僅就一中言，則祇有二間耳。有者不盡有也。如圖：ＡＢＣ三者各爲一間；(見次條) 其所成ＡＢ與ＢＣ之m爲中。今僅就右隙m言，則成此中者卽ＡＢ二間也。故曰有間中也。

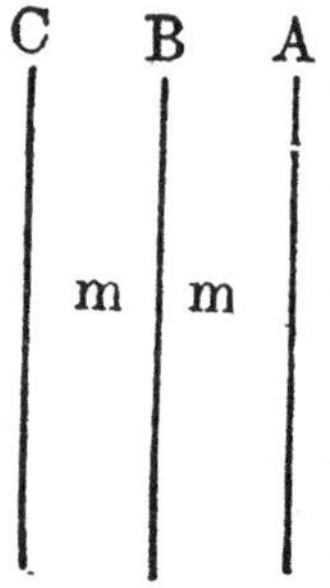

梁啓超云，『凡形之可分析者皆有間；物之受熱而漲，受冷而縮，皆間之作用也。以至粗者言之，則太陽與地球相距之間，謂之間。以至細者言之，則兩電子相距之間，謂之間。』按物理學言物有『孔性』(Porosity)，此似近之。

門耳二字，係譬詞。下經第二十九條有『耳夾寓』之文。耳，卽佴；副貳也。(義見下第七十一條) 說文，『門，從二戶，象形。』又云『楚人名門皆曰閶闔。』(語見閶字下) 按閶闔疑卽匡樞字，所謂間也。二戶在閶闔中而又成間，所謂佴也。門戶爲間，皆有其中，所謂門耳也。故此得用以相譬。

謂夾之者，『之』卽斥『中』言：猶云有間爲夾而中在焉，亦及旁之義耳。

63 **經**間，不及旁也。

說間○謂夾者也。尺——前於區而後於端，——不夾於端與區內。（及乃非齊之及也。）

解『及』字於文字部居爲并列連字(Co-ordinative Conjunction)，卽齊及之義。此云及乃非齊之及，則及者猶攝屬耳。張惠言云，『不及於旁，謂隙中。』孫詒讓因云，『間，謂中空者；卽上「有間中也」之義。』按皆非是。梁啓超云，『此以夾者訓間。間者所間也；有間者能間也。「有間」指本隙；「間」則構成本隙之物也。能所合然後間義明。』按梁說剖論甚析，但仍不免矛盾。蓋間既爲構成本隙之物，則爲能間而非所間無疑。且有間既爲夾之者，亦決非專指本隙；則有間者應卽兼言能所耳。

天下有中必有其旁；下文第八十九條說云『中，央旁也。』卽是。蓋上條言中，此應言旁。而云不及旁者，中者自中，旁者自旁；夾者皆獨立，中與旁不相攝屬之言也。如前圖：ABC各爲夾者，爲間之一。苟專稱A，則可不及BC。推之稱B不及AC；稱C不及AB。三者皆單獨成間，若立屏然；故曰不及旁也。

梁云『區者，幾何學所謂面也。有長有廣，成一界域，故謂之區。先有點端而後有線，尺先有線而後有面，故曰尺前於區而後於端。尺既在端後區前，原作端前區後，必係偶誤。則似尺在端與區之間矣；而其實不然；蓋間之義不如此也。』按梁說前段甚是；後段不諦。此云不夾於端與區內者，端尺區三者雖於序次有攝屬之聯係；然各能自成一物，非尺夾於端與區之內。間義亦然，故得相譬。

64 **經**纑，間虛也。

說 纑〇虛也者兩木之間謂其無木者也。

解 說文，『纑布縷也。』又『縷，綫也。』博雅，『纑，縷也。』按纑，卽線。王闓運云，『纑，虛線也。』是也。蓋纑爲虛線，尺當爲實線。尺爲端所積，纑固無端，故爲間之虛也。然虛有廣狹之異，廣則線無由成；若不簡別義難明憭。故曰虛也者兩木之間謂其無木者也。此蓋簡別語，而用他詞比況，頗與後第七十一條之說『然也者民若法也』句例相同。

兩木之間謂其無木者，當爲兩木相際之縫，卽謂間虛之纑，亦卽繩也。說文，『絢，纑繩絢也。』淮南覽冥篇，『下契黃壚。』高誘注，『壚，讀繩纑之纑。』繩纑並言，爲義當同。繩又卽縫；禮深衣注，『繩，謂裻與後幅相當之縫也。』卽是。

總括言之，本條與上二條，義屬一貫。蓋上條言間，本條言纑；則間中一條，二者兼而有之矣。

65 **經** 盈，莫不有也。

說 盈〇無盈無厚。

解 次條言『不相盈，相外；』則本條言『盈，』義猶『相內，』猶云相容納耳。如海能容納百川之水；故曰莫不有。梁啓超云，『盈，函也。例如體函面，面函線，線函點。凡函者必盡函其所函；故曰莫不有。』按梁說亦通。

盈莫不有也，與上第四十二條『盡莫不然也』句例同。

無盈無厚者，孫詒讓云『言物必有盈其中者，乃成厚之體；無所盈則不成厚也。』梁云，『無盈無厚者，謂無盈則無厚；例如點不函他點，則終不能積而成體。』按二說是也。上文第五十五條云『厚有所大也。』此無盈無厚，反面言之。無厚猶云無所大，卽無積；蓋無所容納者當無積耳。

66 **經** 堅白，不相外也。

說 堅○於石，無所往而不得，得二——異處不相盈，相非，是相外也。

解 孫詒讓釋經文云『此卽公孫龍堅白石之喻。不相外，言同體也。』按孫說頗混。公孫龍持『離堅白』之說，（見公孫龍子及莊子秋水篇等）其書堅白論所設或問之辭，類皆本經上下所已具；則龍於名家之說，實絕對不能相容者也。其設問之辭亦謂『堅白石不相外，藏三。』又謂『其白也，其堅也，而石必得以相盈。』龍皆駁之，可以概見；蓋卽引名家之言以資辯論耳。

於石，無所往而不得，得二，係本條說之出故者也。於，猶在也。於石，卽在石。經下第三十七條說云『石，一也；堅白，二也；而在石。故有知焉，有不知焉，可。』卽是。孫云『二，卽謂堅白也。』又云，『言堅白在石，同體相盈，則彌滿全體，隨在皆有堅，亦隨在皆有白。故云無所往而不得，亦卽所謂相盈也。』按孫此說是。蓋謂堅白之二，既在乎石之一，則石之一，殆無所往而不得堅白之二也。

異處不相盈，相非，（釋名，『非，排也。』）是相外也，係反證之辭；然不期而與公孫龍所持之說合。蓋龍爲形名家，與名家之控名責實者異矣。龍書堅白論曰，『無堅得白，其擧也二；無白得堅，其擧也二。』又曰，『視不得其所堅而得其所白者無堅也；拊不得其所白而得其所堅者無白也。』（據校定本）由此以觀，則拊堅無白，視白無堅；所謂兩者異處不相盈而相排，是相外也。

67 **經** 攖，相得也。

說 攖○尺與尺，俱不盡。端與端，但盡。尺與端，或盡或不盡。堅白之攖，相盡；體攖，不相盡。

解 莊子大宗師篇釋文引崔注，『攖有所繫著也。』玉篇『攖，結也。』韻會，『與人契合曰相得。』梁啓超云，『攖，相接觸也。相得，相銜接也。』按其義皆是；惟疑攖卽捆之後起字，說文『捆，就也。』

此言攖之盡不盡有四：（一）俱不盡；（二）但盡；（三）或盡或不盡；（四）相盡，不相盡。

尺與尺俱不盡者：孫詒讓云，『言尺與尺相攖，則前尚有餘地；故兩俱不盡。』按尺者線也。線與線合著，有長者有短者；故曰俱不盡。端與端但盡者：孫云，『經上云「端，體之無序而最前者也。」是端前更無餘地；故相攖則兩俱盡。』按孫說是。惟据張改但字爲俱，謂『兩俱盡，』非。蓋此但字必不可改。端（卽點）之爲物，量屬極微，大小莫分，了無差相，一切空時，皆爲盡也；故曰但盡。但盡者，惟此爲盡耳。尺與端或盡或不盡者：孫云，『言尺與端相攖，則端盡尺不盡。』按線爲點之積，一線必含多點。則線與點合著之時，就點言則盡，就線言則不盡；故曰或盡或不盡。堅白之攖相盡者：孫云，『此言堅白雖殊，而同託於石，性色相含，彌滿無間；故其攖爲相盡，卽經說下「堅白相盈」之義。』按孫說甚是。蓋拊堅得白，視白得堅，彼此相含，量關神契；故曰相盡。體攖不相盡者：孫云，『言凡物兩體相攖，雖攖而各自爲體，不能相含，是卽不相盡也。』按此體猶言質體。如二石相攖，各有質礙，物理學所謂不可入性（Impenetrability）是也；故曰不相盡。

尺與尺，端與端，尺與端，皆屬體攖，故不相盡。惟端與端數量相等，可謂之盡；然仍不得謂之相盡。相盡者直堅白之攖而已。

68 **經** 仳，以有相攖有不相攖也。

說 仳○兩有端而后可。

解 仳，比之繁文。王孫皆云『仳與比通』。以，猶謂也。有，猶或也。皆見經傳釋詞。則此經猶云『比，謂或相攖或不相攖也。』

比者校其長短，其類有二：（一）相攖；（二）不相攖。攖義見上條。幾何原本云『兩直線，一長一短，求於長線減去短線之度』。如圖：A，短線；BC，長線；求於BC減A。（一）以A置BC上，一端與B齊；即由BC減A之長，其餘為BC長A之數。此則二線之比相攖者也。（二）以兩線同湊圜心B，以A為界作弧DE，與長線相交於E；即BE與A等，而BC校A長EC之數。此則二線之比不相攖者也。故比有相攖不相攖之殊也。

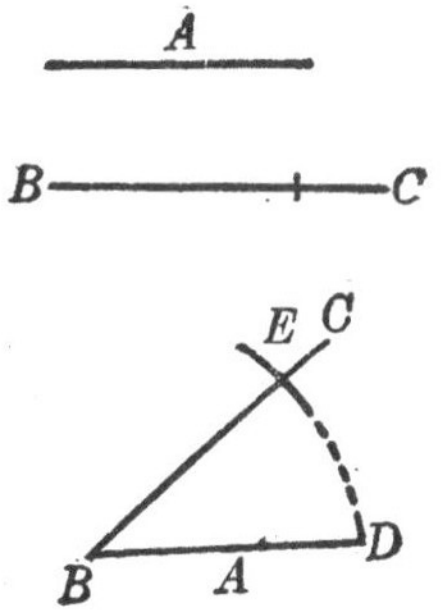

兩有端而后可者，端，點也。蓋無論線之相攖不相攖，必須兩線各有定點以為之率，方可得其差數也。

69 **經** 次，無間而不相攖也。

說 次〇無厚而后可。

解 孫詒讓云，「言兩物相次，則中無間隙；然不相連合，故云不相攖也。」按孫說是。惟言兩物相次似不；然蓋此不限於兩物也。次者序也。無間，應與上文「有間」相反。彼云「有間，中也。」則此無間卽就無中而言。以其無中，則雖本有其間，亦必謂之無間矣。然間而無中，其勢叢積，必致易於合著；合著則厚矣。若有其厚，相攖可知。間而相攖，特成一體；「次」之爲名，必不能立。蓋旣謂之次，便當無間而不相攖。張惠言云，「無厚乃無間。」故曰無厚而后可。

上條句法頗與此同。其說有「兩」字者，二線相校故也。本條說祇言無厚者，以其無中之間不相攖而；多也故無「兩」字。此足正孫說之失。

70 **經** 法，所若而然也。

說 法〇意規員三也俱可以爲法。

解 畢沅云，「若順，言有成法可從。」按畢說未盡明晰。次條言「然也者民若法也，」正可移釋本條然字。蓋一國之治，不獨民若法，而法亦若民。民若法爲「能若，」而法若民當爲「所若。」法所若者，猶云法爲民所順也。是則法先順民而立，然後民乃順法矣。故曰法所若而然也。

意規員三字，係譬詞。意，西名恭什布脫（Concept）嚴復譯爲意，（見穆勒名學引論及篇三第三節）日本譯爲概念，卽是。員，圜之省文，與圓同。說文，『圓，圜合也，讀若員。』考工記注，『故書，圜，或作員；當爲圜。』規之立也，必先有圓之意而後能制之。迨規既制，乃寫交而成圓，正易繫傳所謂『聖人立象以盡意』是也。韓子有度篇云，『巧匠目意中繩，然必先以規矩爲度。』然禮記曰，『目巧之室。』鄭玄注，『但用目巧善意作室，不由法度。』則規矩未立以前，巧匠必有目意之事；目意所不能中者，於是而規矩出焉，方圓形焉。然則規圓二者之有，必須先逢巧匠之意，而後拙工乃能順規圓而不相背矣。國家立法之初，先必準諸民意，而後民乃赴法，方成法治之民。說與此同，故得相譬。

三也俱可以爲法，『也』與『者』通。俱，具之繁文。

三者具可以爲法，言意規圓三者完具，方可謂之法也。蓋有民必有法，有法始成法治之民，亦三者具也。

此即出故之語，辟詞在前，其式特異。

71 **經** 佴，所然也。

說 佴○然也者民若法也。

解 爾雅釋言，『佴，貳也。』郭璞注，『佴次爲副貳。』

然也者民若法也句，係簡別經文之語，非出故之說也。『然』既爲民若法；則然也者猶云至公大定之制，貫習而成自然者耳。惟民若法爲『能然』，而佴當爲『所然』，語聲有剛柔之別（Active and Passive Voices）；則佴者義同副貳，殆猶荀子之言『類』焉。如王制篇云，『其有法者以法行；無法者以類舉。』楊倞於勸學篇有注云，『類，謂禮法所無，觸類而長者；猶律條之比附。』卽是。蓋民雖若法，法必有窮，人事萬殊，安能盡著之圖籍？或不及濟，則以法爲推，而類是舉矣。惟類之爲物，既皆比附於法而成，則法者正也；類與佴皆卽副貳也。說文法之古文作仝，从亼从正，疑卽函有此義。至於佴爲副貳，誠如上言。然若周禮云，『大宰以六典治邦國，以八灋治官府，以八則治都鄙。小宰掌邦之六典八灋八則之貳。』又『正月之吉，乃施灋於官府，而建其正，立其貳。』亦皆分大小正貳，綱舉目張，首次有制；蓋猶本經法佴之比耳。

上文第三十四條謂『君臣萌通約』爲『若名者；』此謂『民若法，』相互見意。

72 **經** 說，所以明也。

說 ……

解 荀子正名篇，『期不喻然後說。』楊倞注，『期，會也。若是事多，會亦不喻者，則說其所以然。』按此謂不喻其『辭，』然後說之也。小取篇，『以說出故，』經下各條之末皆言『說在……，』係明辭之所以然，所謂出故者也。上第三十二條作『言出故；』言與說同。

73 **經** 彼，不可。不兩可也。

說 彼○凡牛樞非牛。兩也無以，非也。

解 經文上一不字，讀爲否。不可，猶言否可，亦卽可否。則彼不可，似與經下第五十二條『均之絕不』辭例略同。

春秋繁露深察名號篇云，『凡者獨舉其大也。』樞區之繁文非牛之『非，』恰與英文 non 字相當，所謂負前詞 (Negative Prefix) 每加諸正名（如牛，又如金屬。）之前以示其負者也。（如非牛，及非金屬。）兩也無以非也，係推辭以用也猶云不用可否兩者則非也。

觀次條『爭彼』之語，知『彼』爲二人對諍一物之稱。大凡人立一辭原欲求申己意；然設聞者以爲理未見極，（荀子正名篇，『辭足以見極，則舍之矣。』）或徑認以爲非，則其辭便爲主客爭論之題目。墨辯於此別立專名，謂之曰『彼。』蓋同爭一物，我許他違，各持異議；故曰彼否可。如凡牛之中區分非牛，二者抗敵勢難兩是；究其極也，必至一否一可焉。何則？以一辯辭絕對不能兩可故也。故曰不兩可也。但一辭之辯，若不能用兩義，便成無爭，即失辯之初意。故曰兩也無以非也。

韓子外儲說左上云，『鄭人有相與爭年者：其一人曰，「我與堯同年。」其一人曰，「我與黃帝之兄同年。」訟此而不決，以後息者爲勝耳。』案此無所否可，失『彼』之義，其辯不成；故非勝算。

74 **經** 辯，爭彼也。辯勝，當也。

說 辯○或謂『之牛。』或謂『之非牛。』是爭彼也。是不俱當；不俱當，必或不當。不當若犬。

解 說文，『辯，治也；从言在辡之閒。』又『辡，罪人相訟也。』按辛者罪也。二罪相訟，以言治之於其閒，謂之爲辯。引申爲凡兩造是非之爭。或假用辨，荀子正名篇楊倞注，『辭者論一意；辨者明兩端也。』卽是。

按兩端，卽上條所謂否可，合稱曰『彼。』勢不並立，爭以成辯；故曰辯，爭彼也。辯有勝與無勝，當與不當。本條謂『辯勝，當也。』經下第三十五條謂『辯無勝，必不當。』又說云，『辯也者，或謂「之是，」或謂「之非，」當者勝也。』然則不當者亦必無勝矣。二或字猶云甲乙。『之牛，』『之非牛，』猶云此是牛，此是非牛。（或云此非是牛）牛與非牛，義歧名反，二或相持，辯由是競，乃爭彼也。爭彼必不兩者俱當，卽有或一不當。其或一不當者，如物本爲牛，或謂爲犬；（卽非牛）則言牛者勝，言犬者負。以牛勝者當，以犬負者不當耳。

案經說四篇爲墨辯壁壘，多論辯術；而本條界說，特爲最精，實千古辯學之圭臬矣。

75 **經** 爲，窮知而⿰亻縣於欲也。

說 爲◯欲⿰食隹其指，智不知其害，是智之罪也。若智之愼之也，無遺於其害也；而猶欲⿰食隹之，則離之。是猶食脯也；騷之利害，未可知也；欲而騷，是不以所疑止所欲也。廧外之利害，未可知也；趨之而得刀，則弗欲趨也。是以所疑止所欲也。觀『爲窮知而⿰亻縣於欲』之理：惟食脯而非恕也；⿰食隹指而非愚也。所爲與所不爲相疑也，非謀也。

解 畢沅云『⿰亻縣同懸。』曹耀湘云『⿰亻縣，係也。』按⿰亻縣，縣之繁文。說文『縣，繫也。』（段謂繫當作系）蓋古祇作縣，⿰亻縣懸皆後起字。孫詒讓云，『此言爲否決於知而人爲欲所縣係，則知有時而窮。』按孫說是。墨家重正欲

惡，即此故也。可參閱下文第八十四條

經文言『爲』說言『所爲』與『所不爲』與前第十條辭例差近。

𩡧，養之繁文。養指者，孟子告子篇云『養其一指而失其肩背而不知也，則爲狼疾人也。飲食之人，則人賤之矣，爲其養小以失大也。』曹云，『但養其指，則體之失養者必多，是有害也。智之罪者，當歸咎於智之不足也。愼，審也。』孫云，『史記管蔡世家索隱云「離，卽罹。罹，被也。」案離俗作罹，同。詩王風兎爰「逢此百罹。」釋文云「罹，本亦作離。」離之謂因欲而離患也。』案呂氏春秋重己篇云『有愼之而反害之者，不達乎性命之情也。』此卽其義。畢云『騷，臊字假音；讀如山海經云「食之已騷」。』按北山經言『汾水中多鮆魚，食之不驕。』郭璞注，『驕，或作騷。騷，臭也。』疑山海經騷字假爲鱢。說文，『鱢，胜臭也。』晏子春秋雜上第十九『食魚無反，則惡其鱢也。』然則鮆魚食之不騷者，謂無胜臭耳；非謂已鱢也。已有治病之義，卽見下條。　此言食脯有騷者，說文『脯，乾肉也。』釋名釋飲食云，『脯，搏也；乾臊原作燥當筆誤，相搏著也。』故一切經音義一引通俗文『猳臭曰臊。』說文，『臊，豕膏臭也。』則脯著乾臊，食之有害，殆卽周易噬嗑爻辭『噬腊肉遇毒，小吝无咎』之謂耳。畢云『曆字，𪏭俗寫。』孫云『刀，經說下按第三十條亦云王刀，皆謂泉刀也。』按荀子榮辱篇楊倞注，『刀，錢也。刀取其利。』畢云『恕，惁字異文；字書無此字。』張惠言云『恕卽智字誤耳。』按孫據張說讀恕爲智，是也。智與下愚字文正相對。

欲𩡧其指至則離之共七句，爲經文窮知縣欲之簡別語。蓋爲與不爲，皆窮知而縣於欲；然窮知之謂，並非不知之謂，乃知之而後窮也。知之而後窮者，以其縣於欲焉耳。是猶食脯也至是以所疑止所欲也共十句，皆屬譬辭。此以食脯得刀爲喻，又與易噬嗑爻辭『九四，噬乾胏得金矢；六五，噬乾肉得黃金』立意略同。

養指之害智不及知；其罪在智短，非欲之過也。苟智能愼之，應不自遺其害；然猶以欲之故而養之，則罹其害矣。試舉二例以譬之：食脯有臊，未可知其利害，當疑之時，應止食之；然竟以欲之之故而中臊，則所欲不因所疑而止也。又如牆外利害，未可得知，乃亦疑也，然苟趨之則得錢刀；今竟以不欲之故而不趨，則所不欲（按此不欲亦欲也）亦因所疑而止也。蓋二者皆窮於知而專恃乎欲，實與已知而卒奪乎欲者等耳。故就經文『爲』之一義觀之，惟食脯而非智，養指而非愚；蓋非智愚之咎，大氐懸係於欲焉而已。

所爲與所不爲相疑也非謀也句，係本條經文所出之故。孫於『非謀也』注云，『謂不暇審計而爲之，所謂縣於欲也。』按經文言『爲』，即函『能爲』『所爲』二義，而『所爲』又函『所不爲』一義；故譬辭雙舉義乃具足。其出之故，亦即重此。蓋所爲與所不爲二者交戰於中，不相爲謀，則皆爲欲所奪耳。

76 **經** 已，成；亡。

說 已○爲衣，成也。治病，亡也。

解 張惠言云『已有二義。』又云，『爲衣以成爲已，治病以亡爲已。』孫詒讓云，『亡，猶言無病也。漢書郊祀志云，「病良已。」注引孟康云，「已，謂病愈也。」」按張孫說皆是。論語，『春服既成。』廣雅釋詁，『既，已也。』皆卽其義。又曹耀湘云，『已，止也。衣成則止；病亡則止。』亦足備一說。

77 經 使，爲；故。

說 使◯令謂。爲也，不必成濕。故也，必待所爲之成也。

解 張惠言云，『使有二義。』按二義者，(一)爲；(二)故。令謂二字，卽所出之故也。經文但分言之；若通言之，使者令之謂耳。說文，『使，令也。』(據段注本)又『故，使爲之也。』段玉裁注，『令俗云「原故」是也。凡爲之必有使之者；使之而爲之，則成故事矣。』按段說正可移釋本條。

爲也不必成濕，故也必待所爲之成也，二句皆經文之簡別語。也字與『者』通用。成濕，猶云成故。呂氏春秋貴卒篇云『得之同則遬爲上；勝之同則溼爲下。』高誘注，『溼猶遲久之也。』畢沅校云『案荀子修身篇「卑濕重遲。」作濕字爲是，音他合切。』按故者古也，舊也，皆見楚辭招魂注。凡事經遲久，卽成故事；濕之爲故，義屬引申，此正用之。前第一條說語謂『小故，有之不必然；大故，有之必然。』此『爲』似屬小故，故曰不必成故；卽有之不必然也。此『故』應屬大故，故曰必待所爲之成；卽有之必然也。此二語字字對照，完全相反；然就使令言，則不別耳。列子周穆王篇，『覺有八徵：一曰故；二曰爲。』張湛注，『故事。爲，作也。』蓋事則已成，作則未必成，亦相反也。

78 經 名，達；類；私。

說 名○『物，』達也；有實必待文多也命之。『馬，』類也；若實也者必以是名也命之。『臧，』私也是名也止於是實也。聲出口，俱有名。若姓字儷。

解 此言名(Noun)具三義：(一)達名(General or Collective Noun)；(二)類名(Species or Common Noun)；(三)私名(Proper Noun)。

物達也有實必待文多也命之者：孫詒讓云，『言物爲萬物之通名。』按論衡物勢篇云，『萬物生天地之間，皆一實也。』說文序云，『依類象形，故謂之文。文者物象之本。』蓋凡世有一實，初必依類(卽此類名之類)象形而制之文；迨欲徧舉括囊，則又增其志義使無所限。如說文，艸從二屮，故云『百卉也。』芔從艸屮，(似應作從三屮)故云『艸之總名也。』茻從四屮，(似應作從二艸)故云『衆艸也。』又林從二木，故云『平土有叢木曰林。』森下云，『林者木之多也。』森從林從木，故云『木多皃。』籀文囿字從四木作𡈀，亦象艸木蕃蕪可以養禽獸也。則屮木謂之文；艸芔茻林森𡈀皆曰文多。又如三隹爲雥；三石爲磊，四口爲㗊。國語曰，『獸三爲羣，人三爲衆，女三爲粲。』皆卽說文序所謂『字者言孳乳而寖多也。』他如一族之民，一師之卒；族也，師也，亦皆由文多推而見之。故曰有實必待文多也命之。言必待者，謂本無有而必待其命耳。

馬類也若實也者必以是名也命之者：意謂馬爲四足獸之一類；(見經說下第二條)若有馬之實者，必以馬之名命之也。臧私也是名也止於是實也者：意謂臧爲一人之名，不公於衆，因謂之私；以其專屬於臧，故曰止於是實以上三者皆經文之簡別語。

荀子正名篇『故萬物雖衆，有時而欲偏舉之，故謂之物；物也者大共名也。推而共之，共則有共，至於無共然後止。有時而欲偏舉之，故謂之鳥獸；鳥獸也者大別名也。推而別之，別則有別，至於無別然後止。』春秋繁露天地陰陽篇『萬物載名而生，聖人因其象而命之。然而可易也，皆有義從也；故正名以名義也。物也，洪名也，皆名也，而物有私名，此物也，非夫物。』据校本 按大共名及洪名，即此之達名；大別名及皆名，即此之類名；至於無別然後止，所謂此物非彼物，即私名也。

聲出口俱有名，出故也。命實有聲，聲出於口；檢物由名，名隨聲得；故云爾。

若姓字儷者，荀子正名篇『累而成文，名之麗也。』楊倞注，『麗與儷同，配偶也。』蓋有實必有名；經文言名實亦附見。名實相生，譬如人之姓字同時存在，猶配偶耳。故此用以爲譬。

79 **經** 謂，移；舉；加。

說 謂○『狗犬，』命也。『狗吠，』舉也。『叱狗！』加也。

解 此謂（Verb）亦具三義：（一）移謂或命謂（Noun used as verb）；（二）舉謂（Intrasitive Verb）；（三）加謂（Transitive Verb）。

此及上條『名』『謂』二者，若以英國文律（Grammar）論，名即名詞，謂即謂詞。日本譯爲動詞 蓋英文佛波（Verb）原於拉丁文佛波姆（Verbum），其義爲字（Word），正譯爲言；故嚴復英文漢詁謂之爲

『云謂字』兹摘錄嚴說云『物必有所可言，或動或靜。靜而有所受；動而有所施。二者之外，尚有其所處者。凡此之字，以其謂物，故名云謂。云謂之字，從其義而分之，可爲二大類：一曰事之及物者；一曰不及物者。所以云不及物者，其事盡於作者之身，而無物蒙其影響也。Transitive（脫拉西底夫）= Passing over；（拍生呵佛）其字於拉丁文，乃 Transitus，（脫拉西都斯）正及物之義。惟其及物，故無物則辭意爲不全，而必有所謂受事之物者（Object）。如「風從虎：」風，施事者也；從，言其所爲作也；而所從者則虎，乃受事之物矣。』按本條『舉謂，』正猶不及物云謂。（日本譯爲自動詞）例如『狗吠：』其吠之事僅盡於狗之身，而無外物被其所作，故曰舉。舉者動也，（見國語楚語注）猶言僅有自動而不及他物耳。『加謂，』亦正猶及物云謂。（日本譯爲他動詞）例如『叱狗!』其叱之事須及於狗之身，而狗卽爲受叱之物，故曰加。加者及物之義也。二者外，尚有移謂或命謂，卽嚴云『其所處者』(to be)。蓋謂之『命謂』者，命卽名也。例如『狗犬：』就犬字部居言，當屬名詞，故曰命；然在本句中乃襲謂詞之職，則犬字之用已由名詞而移爲謂詞，卽所謂『移謂』者是也。（可參閱下文第八十三條）

80 **經** 知，聞；說，親；名，實，合，爲。

說 知○傳受之，聞也。方不㢓，說也。身觀焉，親也。所以謂，名也。所謂，實也。名實耦，合也。志行，爲也。

解 爲，譌之省文，古本通用。方言三，『譌，化也。』亦作訛；爾雅釋言，『訛，化也。』釋詁，『訛，動也。』則此『爲』

字猶云變動耳。方猶史記「視見垣一方人」之方。廧，孫詒讓引集韻四十漾云，「障，或作廧。」身觀焉者，廣韻「身，親也。」

此言知具七義，可分二項。(甲)言得知之方者三：(一)聞知；(二)說知；(三)親知。(乙)言得知之具者四：(四)名；(五)實；(六)合；(七)為。

(甲)言得知之方者三　兒童不知烈火灼膚，銛刃傷指；為父母者告以握火必燒，握刃必割。此傳受之之聞知也。「故未嘗灼而不敢握火者，見其有所燒也；未嘗傷而不敢握刃者，見其有所割也。由此觀之，見者可以喻未發也。」此用淮南氾論篇語此方不廧之說知也。若有烈火銛刃於此，狎而翫之，卒乃灼其膚而傷其指也。此身觀焉之親知也。此略採梁說　以上三者聞說親，皆得知之方也。

章炳麟云「親者因明以為現量；說者因明以為比量；聞者因明以為聲量。原注，「案傳受為聞，故曰聲量。往古之事，則徵史傳；異域之狀，則察地志；皆非身所親歷，亦無術可以比知，其勢不能無待傳受。」赤白者所謂顯色也；方圓者所謂形色也；宮徵者所謂聲也；薰臭者所謂香也；甘苦者所謂味也；堅柔燥溼輕重者所謂觸也：遇而可知，歷而可識，雖聖狂弗能易也。以為名種；以身觀為極。阻於方域，蔽於昏冥，縣於今昔，非可以究省也。而以其所省者，善隱度其未所省者。是故身有五官，官簿之而不諦審，則檢之以率。從高山下望冢上，木裕裕若箸；日中視日，財比三寸盂，旦莫乃如徑尺銅槃；校以句股重差，近得其真也。官簿之而不偏，則齊之以例。故審堂下之陰，而知日月之行，陰陽之變；見瓶水之冰，而知天下之寒，魚鱉之臧也。嘗一臠肉，而知一鑊之味，一鼎之調。官簿之而不具，則儀之以物。故見角帷牆之耑，察其有牛；飄風墮麴塵庭中，知其里有釀酒者。其形雖隔，其性行不可隔；以方不障爲極。有言蒼頡隸首者，我以此其有也，彼以此其無也。蒼頡隸首之形不可見；又無耑兆足以擬有無。雖發冢得其骴骨，人盡有骨，何遽爲蒼頡隸首？親與說皆窮。徵之史官故記；以傳受之爲極。今辯者所持，說爾。違親與聞，其辯亦不立。此所以爲辯者也。』國故論衡原名篇

梁啓超云，『人類最幼稚之智識，多得自親知；其最精密之智識，亦多得自親知。人類最博深之智識，多得自聞知；其最謬誤之智識，亦多得自聞知。按荀子儒效篇，『聞之而不見，雖博必謬。』亦卽此意。而說知則在兩者之間焉。中國秦漢以後學者，最尊聞知，次則說知，而親知幾在所蔑焉；此學之所以日窳下也。墨家則於此三者無畸輕畸重也。』

（乙）言得知之具者四　所以謂爲名；所謂爲實；名實耦爲合。此在邏輯（Logic）及文律，實爲主詞（Subject）；名爲謂詞（Predicate）；主詞謂詞各立一端（Terms），而爲之居中綴系者爲繫詞（Copula）：三者皆成辭（Proposition）之資也。例如『此書是墨經』一辭：『此書』先出，爲實，主詞也；『是』字居中，爲合，繫詞也；『墨經』後承，爲名，謂詞也。三者具謂之『正辭』；正卽平鋪直敍之義。反之則爲『譎辭』；譎辭』譎者雖變化不循常律之謂，而其『志行』則同。蓋一辭之立，『志』則白其義，『行』則獲其用。卽千殊萬詭，而展轉相明，不離此三耳。以上四者名實合爲，皆得知之具也。可參閱嚴譯名學淺說第十一節及第四十七節

何謂實爲所謂，名爲所以謂耶？曰，如前例，若僅說『此書，』聞者決不能知說者命意之所在。必繼告以

『是墨經,』由其命意之屈曲,方能使聞者生其解悟。所以『實』必待『名』而後有所表示,斯謂實爲『所謂;』而亦惟『名』爲能表示『實』之所以,斯謂名爲『所以謂』也。茲更將墨辯邏輯二學,辭之所以構成之具,列表於次。

<table>
<tr><th>學別</th><th>構成之具 \ 正辭</th><th>此書</th><th>是</th><th>墨經</th></tr>
<tr><td rowspan="2">墨辯</td><td>本文</td><td>實</td><td>合</td><td>名</td></tr>
<tr><td>釋語</td><td>所謂</td><td>名實耦</td><td>所以謂</td></tr>
<tr><td rowspan="4">邏輯</td><td rowspan="2">英文</td><td rowspan="2">Subject</td><td colspan="2">Predicate</td></tr>
<tr><td>Copula</td><td>Complement</td></tr>
<tr><td>本譯</td><td>主詞</td><td>繫詞</td><td>謂詞</td></tr>
<tr><td>嚴譯</td><td>句主</td><td>綴系</td><td>所謂</td></tr>
<tr><td></td><td>東譯</td><td>主語</td><td>介語</td><td>賓語</td></tr>
</table>

81 經聞,傳;親。

說聞○或告之,傳也。身觀焉,親也。

解 此言聞具二義:(一)傳聞;(二)親聞。

曹耀湘云,『或告之者,既往之事也;但得聞之,不必得見之也。身觀焉者,現在之事也;聞之,則得見之也。』按曹說是。惟曹僅論時間而不及空間,尙爲未盡。蓋須同時同地,方可身觀而親聞;否則異地而同時,或異時而同地,皆須或告之而傳聞也。

82 經 見,體;盡。

說 見○特者,體也。二者,盡也。

解 此言見具二義:(一)體見;(二)盡見。

孫詒讓云,『特者奇也;二者耦也。特者止見其一體;二者盡見其衆體。』按上文『體,分於兼也。』『盡,莫不然也。』方言云,『物無耦曰特。』皆卽其義。梁啓超云,『智識之謬誤,多由體見生。若盲人摸象,得其一節,謂爲全象,則蔽而自信也。然體見之爲用,亦至宏,專究事理之一部分而得眞知,愈於博涉而僅游其樊者矣。』

83 經 合,缶;宜;必。

說 合○『并立;』『反中;』志工;正也。『臧之爲;』宜也。非『彼,』『必』不有;必也。

解 此承上文第八十條第六目釋合之義有三:(一)正合;(二)宜合;(三)必合。正合又分二:(一)并立;(二)反中。

工，功之省文。『志功正也，』與上文『志行爲也，』相對成文，亦相互見意。幷立者，如上文第七十九條『狗犬』一辭：在彼以文律言犬爲命謂；亦曰移謂在此以墨辯言，則狗爲實，卽主詞，犬爲名，卽謂詞。今亦曰表詞因二者間隱去繫詞，如言『狗爲犬』之『爲』字。而唯『實』『名』對偶，故曰幷立。反中者，如經下第五十四條『狗犬也』一辭：其繫詞『也』字，不綴於中，轉置辭末；與論語『柴也愚』『參也魯』平敍之辭不同，故曰反中。此二者本皆譎辭，然猶可謂之正合。蓋幷立一例，我國古經傳箋疏中用之極多。反中一例，在英文雖云罕見，希臘拉丁實常有之而中文已成通例；皆與志功不相違異。蓋『志』則白其義，『功』則呈其效，實爲立辭之二大原則；茲二者契此原則，故亦爲正合也。嚴譯名學淺說第四十九節云，『常語文字之中，則多隱括而少顯露，多顚倒而少平敍。』蓋卽此幷立反中之義。

臧之爲宜也者：荀子正名篇云，『單足以喩則單；單不足以喩則兼。』楊倞注，『單，單物之單名也。兼，複名也。喩，曉也。謂若止喩其物，則謂之馬。喩其毛色，則謂之白馬黃馬之比也。』按凡事物命名之始，多屬單名。有時單名不足以喩，則用複名。複名者，字無多寡，祇言一事，原非二物。如言『臧之爲：』臧，私名也；見第七十八條爲，乃行爲，見第十條亦一名也。此二名各含本義，初不相涉。及用介詞（Preposition）『之』爲之聯屬，始共相牽引，以著其對待之情而爲複名。蓋既非『臧，』又非『爲，』乃『臧之爲，』猶云『臧所有行爲，』實不可分爲二事，故謂之合。又正名篇云，『名無固宜，約之以命。約定俗成謂之宜；異於約則謂之不宜。』此『宜』亦卽其義。如『臧』『爲』二名及『之』字，一經約定，用之成俗，則志無不喻之患，卽宜矣；故曰宜合。（可參閱名學淺說第十三節）

非彼必不有者：『彼』有否可，（見第七十三條）『必』有是非。（見第五十一條）否可方形，是非乃立；因而辭有正反（Affirmative and Negative）如甲謂『之牛』，卽正辭；非甲謂『之非牛』，卽反辭。正反成辯名曰爭彼；爭彼而勝負見焉。故設其時有第三者乙出而合之，則是非可定。所以非彼不能有合，卽不能有必也；是謂必合。

84 **經** 𠯑，欲𠯑權利；惡𠯑權害。

說 𠯑○𠯑者兩而勿必（必也者可勿疑）權者兩而勿偏。

解 前言『利所得而喜；害所得而惡。』（見上第二十六第二十七兩條）又謂『爲，窮知而懸於欲。』（見上第七十五條）則人之欲惡，直可以左右知識而知識之道窮。然欲惡苟正，而利害取捨得其宜焉，斯亦已矣。若利害當前，欲惡不正，乃徇一己之私以爲取捨，因而利害莫明，禍福無定；則人之所爲，殆未有不陷於危苦者也。是以墨家重正欲惡；欲惡得正，方可以權利害。大取篇云，『於所體之中而權輕重之謂權。權：權非爲是也；亦非爲非也。權，正也。』蓋利爲人所欲；害爲人所惡。苟欲惡正，卽知權利害之輕重以爲取捨；則權亦正，而是非自得矣。荀子正名篇云，『凡人之取也，所欲未嘗粹而來也；（按粹，疑假爲猝。）其去也，所惡未嘗粹而往也：故人無動而可以不與權俱。權不正，則禍託於欲而人以爲福；福託於惡而人以爲禍：此亦人所以惑於禍福也。』與此可互相發明。

再者兩而勿必：必既釋爲勿疑，則必猶信也。勿必，猶勿信也。兩卽欲惡。欲惡兩正，則當勿信私己之欲惡也。權者兩而勿偏：此兩卽利害。於利取其重者，於害取其輕者；權其輕重使勿偏也。

85 **經** 爲，存；亡；易；蕩；治；化。

說 爲◯亭，臺，存也。病，亡也。買，鬻，易也。霄，盡，蕩也。順，長，治也。鼁，黽，化也。

解 亭臺存也，與經說下第四十二條「室堂所存也」同一句法。說文『亭民所安定也。』漢書西域傳，『其水亭居。』山海經郭璞注引作『其水停』亭停古今字。釋名釋言語『停，定也定於所在也』所在卽所存義。孫詒讓云，『臺謂城臺門臺。』病亡也孫云『言治病之爲，求其亡。左成十年傳「晉侯有疾，秦伯使醫緩爲之」呂氏春秋至忠篇「文摯治齊王疾，曰請以死爲王」高注云「爲，治也」此卽上文「已爲衣成也治病亡也」之義。』買鬻者，俞樾云『說文貝部「賣，衙也，讀若育」今經典通以鬻爲之。』畢沅云『霄與消同。』說文，『消，盡也。』又『盡，器中空也。』故曰消盡蕩也。蕩亦廢壞放散之義。順長，猶言訓養長育，故曰治也。說文，『鼁，黽也。』蓋渾言之。爾雅釋魚，『鼁鼀，蟾諸；在水者黽。』邢昺疏云『鼁鼀，一名蟾諸，似蝦蟆，居陸地。其居水者名黽，一名耿黽，一名土鴨，狀似青蛙而腹大』蓋分言之。此以鼁黽二者皆可化爲異實也。

此言『爲』具六義。墨家重人爲主實用；以謂天下萬物舉凡存亡易蕩治化，皆非出之自然。如亭臺之存，疾病之亡，(猶言病愈)買鬻之交易，消盡之蕩除，順長之修治，固由於爲；卽鼁黽之化，亦可徵驗其變易。(前第四十)

四條，『化，徵易也。』良由處境不同，天之所設，人其代之；故無往而不見有人爲措施於其間也。此義，莊子殊異。其秋水篇云『物之生也，若驟若馳，無動而不變，無時而不移。何爲乎？何不爲乎？夫固將自化。』蓋墨家卽反其說者也。荀子亦謂『莊子蔽於天而不知人，』解蔽篇語殆以此乎。

86 **經** 同，重；體；合；類。

說 同○二名一實，重同也。不外於兼，體同也。俱處於室，合同也。有以同，類同也。

解 辨別同異，爲辯者持論所必循之塗徑，故此下各條反覆言之。荀子正名篇云『然則何緣而以同異？曰，緣天官。楊注，『天官，耳目鼻口心體也。』凡同類同情者，其天官之意物也同，故比方之同其疑似而通；是所以共其約名以相期也。然後隨而命之，同則同之，異則異之。知異實者之異名也，故使異實者莫不異名也，不可亂也；猶使同實者莫不同名也。』按六官意物，分別同異，而後以名命之；於是同物皆同名，異物皆異名，不可亂矣。

此言『同』具四義。如言『狗，犬也。』名雖二而實祇一，是謂重平聲同。前第二條云『體，分於兼也。』此兼與體，皆卽其義。故兼大於體，而體必爲兼所含。如牛羊同爲四足之家畜，兼也；同爲有角，體也。其角雖不必甚同，然牛羊之二皆爲家畜之一，故曰不外於兼。俱處於室，卽次條之同所，亦卽正名篇所謂『物有異狀而同所者。』大取篇云『智同知是室之有盜也，不盡愛是室也。雖其一人之盜，苟不智其所在，盡惡其朋也。』蓋人盜俱處於室，因而爲其朋者亦犯盜之嫌，故盡惡之；以其同所也。是謂合同。正名篇楊注有云，『若謂之禽，知其二足而羽；謂之獸，知其四足而毛。』即所謂有以同也。是謂類同。

按此即莊子天下篇惠施所謂『小同』也。

87 經 異，二；不體；不合；不類。

說 異○二必異二也。不連屬，不體也。不同所，不合也。不有同，不類也。

解 此言『異』亦具四義。異爲同之反面，其文易明。惟第一項不曰『不重』而曰『二』，句法雖變，實一例耳。二必異者，說文『必，分極也。』如上言狗謂之犬，二名一實。然若將狗犬二名分之極細，則說文謂『犬狗之有縣蹏者也。』爾雅釋言謂『未成毫狗。』是二名而二實矣。又曲禮疏云『狗犬通名；若分而言之，則大者爲犬，小者爲狗。』亦即此意。

按此即惠子所謂『小異』也。

88 經 同異而俱於之一也。

說 侗○二人而俱見是楹也。若事君。

解 孫詒讓云，『之一，猶言是一。』梁啓超云，『之，訓此。』張惠言云，『侗，當爲同。』按侗，同之繁文。

二人而俱見是楹也句，即本條出故之說，似譬辭，頗與前第五十二條形式相近；然立義獨深，驟難了了。考經下第五十七條說云，『楹之摶也，見之。』摶與團通。楹摶即柱圓，意謂楹之爲摶，由見而知；故此曰俱見是楹也。茲設甲乙丙三人俱見此楹三次，惟甲見之皆謂是摶。乙於（1）（3）兩次謂是摶，而（2）

次謂爲非摶。丙於（1）（3）兩次謂爲非摶，而（2）次謂爲摶。由是乙（1）（3）同於甲，因謂乙所見是楹；丙（2）同於甲，因謂丙所見是楹：以證同之俱於此一可耳。然乙（2）異於甲，則謂乙所見非此楹；丙（1）（3）異於甲，則謂丙所見非此楹：以證異之俱於此一則非也。何則？以乙丙二人實俱見此一楹而不及見他楹故。若以所見之異（卽非摶）而謂所見非此一楹；則其證之謬誤，不待言矣。何則？同異必須俱於此一也。此一，假

人名 \ 見楹次數	（1）	（2）	（3）
甲	摶	摶	摶
乙	摶	非摶	摶
丙	非摶	摶	非摶

定卽楹。苟同則謂俱於此一楹，而異則謂不俱於此一楹；則同異之不能相互證明，又不待言矣。故同而俱於此一楹，必須甲與乙丙二人俱見是摶；異而俱於此一非楹，又須乙丙二人與甲俱見非摶；方無謬誤。然則假立『同異而俱於此一』之辭，若有舉楹摶爲例而問其故者，則可答曰『二人而俱見是楹故。』

若事君句，譬詞。孫云，『似言猶衆人同事一君。』按尙同中篇云，『是故靡分天下，設以爲萬諸侯國君，使從事乎一同其國之義。國君既已立矣；又以爲唯其耳目之情，不能一同其國之義。是故擇其國之賢者，置以爲左右將軍大夫，以遠至乎鄉里之長，與從事乎一同其國之義。上之所是，必亦是之；上之所非，必亦非之。』疑卽此意。（當參閱前第三十四條）

89 經 同異交得，放有無。

說 同異交得○旅福家良，恕有無也。比度，多少也。免蚓還園，去就也。鳥折甲桐，堅柔也。劍尤甲，死生也。處室子子母，長少也。兩絕勝，白黑也。中央，旁也。論行學實，是非也。難宿，成未也。兄弟俱適也。身處志往，存亡也。霍爲性，故也。賈宜，貴賤也。超城員止也。長短，前後，輕重，……援。

解 以上三條，皆言同異；本條更言同異交得，交得在放有無。玉篇，「放，比也。」類篇，「放，效也。」此蓋以天下相對之事物爲之比例，而驗其交得之度者也。明鬼下篇云，「天下之所以察知有與無之道者，必以衆之耳目之實，察知有與無之爲儀者也。誠或聞之見之，則必以爲有；莫聞莫見，則必以爲無。」按墨家重實驗，故有無恃乎聞見；聞見塙則有無皆眞。故同異交得，放乎有無也。

牒經標題用同異交得四字，乃變例。

旅福家良者：易旅卦孔穎達疏云，「旅者客寄之名，羈旅之稱；失其本居而寄他方，謂之爲旅。」福，疑讀爲偪或逼，侵迫也。漢書古今人表，「福陽子。」左襄十年傳作「偪陽。」釋文，「偪，本或作逼。」即是。或疑福字爲偪或逼之訛。家良，猶云良家。管子問篇尹知章注，「良家，謂善營生以致富者。」恕，推概之義。見前第六條則此句猶云旅寄侵迫，足以推知其無；家居富饒，足以推知其有也。又此下如多少，去就，堅柔等，皆屬相對之詞，與「有無」一律；以之爲推，故曰恕有無。比度，猶云度量。尹文子云，「故人以度審長短；以量受少多。」故云比度多少也。曹耀湘云，『兔，讀如挽。』按兔，挽之省文。孫詒讓云，『蚒字，亦見經說下，字書所無，竊疑蚒字卽蠙之別體。後漢書吳漢傳李注引十三州志云，「朐䏰其地下溼，多朐䏰蟲。」䏰，音閏，卽蠙之音轉。蚒從刃爲聲，猶以䏰爲蠙也。方言云「蚰蜒，自關而東謂之蠙蚳，北燕謂之䖬蚭。」彼䖬字亦說文所無，與此蚒字形相近；疑䖬蚭亦當爲蚒蚭。蚒蠙字同，蚭蚳聲轉，傳寫譌作䖬，郭璞遂音爲奴六反矣。』按蠙，說文或作蚓。本草云『蚳蚓，一名曲蟺。』則凡上所引朐䏰，蚰蜒，蠙蚳，䖬蚭，及蚳蚓，曲蟺等皆卽章炳麟所謂『一字重音。』國故論衡上 蓋蠙蚓蚳䖬蚭蟺爲本字，朐蚰䖬蚳曲則皆以屈曲之義而兼借音。孫必以䖬爲蚒之誤，而爲蚒字索所自出，泥矣。孫云，『還，與旋同。』又云，『彼此相背爲去；相還爲就。』則挽蚓旋圜去就也者：謂若蚓之挽戾，圜之旋轉，若去若就也。鳥折甲㨶堅柔也者：折，逝之省文。說文，『逝，往也。』淮南覽冥篇高誘注，『逝，猶飛也。』論衡狀留篇云，『鳥輕便於人；趨遠，人不如鳥。』又龍虛篇云，『形輕飛騰，若鴻鵠之狀。』則鳥逝柔也者，猶云鳥之飛逝，以形體輕柔故耳。禮月令，『其蟲介。』鄭玄注，『介，甲也。象物閉臧地中；龜鼈之屬。』淮南說山篇云，『介蟲之動以固。』高誘注，『介蟲，龜鼈之屬。動，行也。』㨶，集韻韻會並音動，玉篇，『㨶，動也。』則此甲㨶堅也，卽淮南語意。劍尤甲死生也者：說文，『尤，異也。』蓋劍利人死，甲利人生，其性絕異也。孫云，『此與孟子「矢函」韓子「矛盾」之喻，語意略同。』處室子子母長少也者：孫引孟子告子篇趙岐注云，『處子，處女也。』按莊子逍遙遊篇釋文云，『處子，在室女也。』曹耀湘云，『下子字讀曰字。』按子母之子，字之省文。釋名，『慈，字也。』則子母，猶云慈母。

慈母處女故有長少。曹云，『少而處室則曰子長而字子則曰母。』亦通。兩絕勝白黑也者：說文，『絕，斷絲也。𢇍古文絕象不連體絕二絲。』則此言二絲一白一黑互相勝也。淮南本經篇有『五采爭勝』之語 中央旁也者：孫云，『謂有四旁乃有中央。』按荀子大略篇，『欲近四旁莫如中央。』故曹云，『中央無定者也度之於四旁，而中可得矣。』論行學實是非也者：孫云，『言人之論說行爲學問名實，四者各有是非之異。』難宿成未，皆卽儺蹜盛昧之省文，詩小雅，『其葉有難。』注，『難，盛貌。』又衞風，『佩玉之儺。』注，『儺，行有節度。』論語，『足蹜蹜如有循。』疏，『言舉足狹數。』漢書律歷志，『昧薆於未。』釋名，『未，昧也。』說文，『昧，闇也。』綜觀諸義，其語甚明。蓋謂君子之道，行有節度而日以盛也；小人之道，舉足狹數而日以闇也。兄弟俱適也者：孫云，『適，讀爲敵。言相合俱相耦敵。』曹云，『凡勢均力敵則曰兄弟。論語云，「魯衞之政兄弟也。」』皆是。身處志往存亡也者：曹云，『身必有所居；志則無不之也。身處於今，志在於古；身處於此，志往於彼，或存或亡之理也。』霍爲性故也者：霍鶴之省文。史記衞世家，『懿公好鶴。』左傳作鶴。廣韻，『鶴，水鳥名。』說文，『爲，母猴也。』按古讀『爲』如『譌』，聲轉卽『猴』。性故者：孟子云，『天下之言性也，則故而已矣。故者以利爲本。』莊子達生篇，『孔子觀於呂梁。』一節云，『吾生於陵而安於陵，故也。長於水而安於水，性也。』列子黃帝篇亦有此語。張湛注，『故，猶素也。』蓋猴利於陵，鶴安於水，故曰性故。賈宜貴賤也者：曹云，『賈，與價同。』按賈價之省文。經下第三十一條，『賈宜則讎。』又第三十條，『買無貴。說在仮其賈。』淮南齊俗篇，『物無貴賤，因其所貴而貴之，物無不貴也；因其所賤而賤之，物無不賤也。』

皆卽其義。超城員止也者：員運二字，聲義古通。非命中篇『員鈞，』上篇作『運鈞。』山海經東山經，『廣員百里，』越語作『廣運百里。』並其證。蓋員止卽運止，猶云運動靜止，後漢書馮衍傳注，『超，過也。』釋名釋姿容『超，卓也；舉脚有所卓越也。』則城爲靜止，而超越之者乃運動也。說文，『援，引也。』此猶云長短前後輕重等等，皆引此類以爲推也。

90 **經** 聞，耳之聽也。

說 ○循所聞而得其意，心之察也。

解 管子宙合篇『耳司聽，聽必順聞；聞審謂之聽。』正可援以釋此。耳，能聞也；聲，所聞也。循聲得意，以心之察。心察故耳聽也。荀子正名篇，『心有（同又）徵知。徵知，則緣耳而知聲可也。』又解蔽篇『心不使焉，則雷鼓在側而耳不聞。』禮記大學篇亦云，『心不在焉，聽而不聞。』皆卽其義。

名家分心意爲二；公孫龍輩謂『意不心，』（列子仲尼篇引之）其說絕異。

91 **經** 言，口之利也。

說 ○執所言而意得見，心之辯也。

解 論衡書說篇，『出口爲言。』故荀子非相篇楊倞注云，『言，講說也。』蓋口能講說，斯爲捷給；故曰：言，口之利也。

前第三十二條謂『言出故也。』說謂『故也者諸口能之出名者也。』口能，卽口才。小取篇又謂『以說出故。』然則墨辯所謂出故之說，必須有利口之才而後可也。

能言者口也；所言者辭也。執辭而意得見，以心之辯。辯亦明察之義。心能明察，故口利也。荀子天論篇，『心居中虛以治五官。』蓋口爲司言之官，而必聽命於心以爲之制。苟心不之辯，口亦不利矣。淮南泰族篇『言者所以通己於人也；聞者所以通人於己也。』按聞與言皆辯者之所有事也。

92 **經** 諸，五利用。

說 諸○相從；相去；先知；是；可：五也。正五諸：若『人於知。』有說。過五諸：若『員無直。』無說。用五諸若自然矣。

解 孫詒讓云『說文「諸，譍也。」言人之譍諾，其辭氣不同，隨所用而異，有此五者。』按孫說近是。蓋墨辯之設，原所以譍對他人，故凡申恉建辭，別立專名曰『諾。』又諾者許諾。大氐實名成辭，必有一許一不許，方起爭論。其一許一不許，卽己許之而敵不許也。故凡由己許所提出之題義，以與不許之敵方相論決者，皆謂之諾也。維諾有五：(一)相從；(二)相去；(三)先知；(四)是；(五)可。

孫云『相從，謂彼謂而我從之。相去，說文「去，人相違也。」謂口諾而意不從。』按孫說近是。此(一)相從者，謂曲從敵論，意在破他。(二)相去者，謂故違敵論，求申己說也。考窺基因明大疏言『宗』有四：(一)偏所許宗；(二)先業稟宗；(三)傍憑義宗；(四)不顧論宗。此相從相去之二，似可比之不顧論宗。彼言此宗『是隨立者自意所樂。』『樂之便立，不須定顧。』卽是。蓋因明眞實之宗，本具二義：(甲)主張己見，不顧敵者之持論，亦且違敵而張己說；(乙)從順敵意，不顧自己之持論，以便揚己而破敵宗。其(甲)卽此之(二)；(乙)卽(一)也。(三)先知者，猶孟子『使先知覺後知』之先知；似亦可比『先業稟宗。』彼云，『若二外道，共稟僧佉，數論派對諍本宗，亦空無果立已成故。』蓋共稱師說事屬先知，兩不相背；辯故不成也。(四)是者，字從日正，故『是』可訓正。見易未濟虞注說文，『日，實也。』故『是』又訓實。見淮南子修務篇注言凡事眞實而正確者，必不起辯；故『是』亦可比之『偏所許宗。』彼云，『若許立者便立已成先來共許，何須建立？』是也。(五)可者，論語子路篇皇疏云，『可者未足之辭也。』則『可』爲『是』之反面。蓋『是』義極成，『可』義偏闕，皆無從置辯也。傍憑義宗，與此不侔。大疏論四宗云，『此中前三，不可建立；唯有第四「不顧論宗」可以爲宗。』蓋謂前三皆屬『似宗』，第四始爲『眞宗』也。按眞宗卽此之正諾，似宗卽此之過諾。然此不云正諾而云正五諾，不云過諾而云過五諾者，猶云五諾中之正諾，五諾中之過諾。故相從相去二者爲正諾，先知是可三者皆爲過諾也。

『若人於知』之於字，與烏同。詳下經第四十二條烏知，猶云何知。『若員無直』之員，圓之省文。『有說，』『無說，』皆卽小取篇『以說出故』之說。

辯學大旨原欲對爭辭義，共求理貫；故不妨違反敵意，力伸己宗。所以正諾之中又以『相去』爲最常用；姑不具論。茲舉『相從』之例：如敵者云，『人於知，』猶云『人何知。』夫人固有知也；今乃曲從其說，而後出『故』對詰以破之，以反證其謬，故曰『有說。』過諾之中，亦以『先知』與『可』最易辨知，而惟『是』爲最易混目。茲舉一例：如敵者云『圓無直。』夫圓爲『規寫交』（第五十八條）形固無直，本爲幾何學不爭之理，盡人所許；不必出『故』證明，故曰『無說。』此五諾者，有正有過。苟不精於其道，將致殽亂。反之若明其術，則用五諾若自然，持論動中準繩，無一可棄之語，經文所謂『五利用』是已。

93 **經** 服，執；說。

說 服○執，難成。說，務成之，則求執之。

解 孟子言『七十子之服孔子，中心悅而誠服；』蓋以德服人也。莊子天下篇云，『桓團，公孫龍，辯者之徒，能勝人之口，不能服人之心，辯者之囿。』則以其囿於辯，不能服人也。平原君謂公孫龍『辭勝於理，終必受絀。』（見孔叢子）曹植謂『田巴毀五帝，罪三王，呰五霸於稷下，一日而服千人，魯連一說，使終身杜口。』（見文選書中）若是，但求不致杜口受絀，遑言服人哉？墨辯不然，辯勝且當，（見前第七十四條）已自立於不敗之地，而本條論『服，』蓋尤辯者之所宜知焉。

說文『說，言相說司也。』段玉裁注，『說司，猶刺探。說之言蒐，司之言伺也。』唐韻，『說，女加切。』亦作詀；說類篇引埤蒼云『詀說，言不同也。（疑『言相伺也』之誤字）居佳切。』按言相說伺，卽觀色希聲之義。求執，大取篇云，『求爲是非也。』此言各執一偏，其說難成；必俟其無執言之方，可令人心服。若觀色希聲，務成其說，則人亦服。然此之爲服，未免捨己以徇人，而失辯之初意；若是，又須求其是非而執持之爲得也。

印度宗計繁與極重辯事。瑜珈師地論（第十五卷）『論出離』有『三種觀察』。其第二云，『觀察時衆者：謂立論者方起論端，應善觀察現前衆會，爲有僻執，爲無執耶？若知衆會唯有僻執，非無僻執；便自思勉，於是衆中，不應立論。若知衆會無所僻執，非有僻執，便自思勉，於是衆中，應當立論。』蓋即此所謂執難成，不執則易成之義。又『論莊嚴』第五云，『應供者：謂如有一爲性調善，不惱於他，終不違越諸調善者調善之地，隨順他心而起言說；以時如實能引義利，言詞柔輭，如對善友：是名應供。』蓋亦即此『說務成之則求執之』之義。荀子勸學篇亦云，『有爭氣者勿與辯也；故必由其道至，然後接之，非其道則避之。故禮恭而後可與言道之方；辭順而後可與言道之理；色從而後可與言道之致。故未可與言而言謂之傲；（俞樾謂躁之假）可與言而不言謂之隱；不觀氣色而言謂之瞽。』當與本條互相發明。

94 **經** 法同則觀其同；巧轉則求其故。

說 法〇法取同，觀巧傳。

解 上文屢言『辭』『故』二者之用，名墨辯術，已見一班。故凡論者每立一辭，出一故，由其命意之所在，但使聞者渙然冰釋，怡然理順，即已收明辯之功而達悟他之實，固無竢乎外求也。然聞者若一時根鈍機滯，論者或亦以直告之難喻，乃假物之然否以彰之，而欲人之急憭其意，則設譬之方尚已。小取篇云，『辟也者，舉也（同他）物而以明之也。』舉他物以明之，皆即各說中所謂『若……』『不若……』等；而本條及次條之『法同』『法異，』蓋又譬詞之廣義焉。

夫設譬之方，就俗義言，不過舉示其肖似之物使人易於了解而已。如史記項羽本紀載宋義下令軍中曰，『猛如虎，很如羊，貪如狼。』其意以謂羽之猛正如虎之猛；羽之很正如羊之很；羽之貪正如狼之貪；而特著其相埒之情已耳。但墨辯不然，其設譬也由其結果之關係，可以發生『侔』與『推』之二要件；（見小取篇）而『侔』即此所謂法同則觀其同，『推』即所謂巧轉則求其故是也。

所謂法同則觀其同者何耶？小取篇云，『效者爲之法也。所效者所爲之法也。』其『所效』爲一辭之實，（在前端者）即『所爲之法，』茲可省稱『所法。』『效』爲一辭之名，（在後端者）即『爲之法，』茲可省稱『法，』亦即此所謂『法。』舉例明之：

辭……雷電非神。

說……人所使用故。

辟……若雨水。

据右式觀之，辭之『雷電』爲『所法；』其『非神』與說之『人所使用』皆爲『法。』而『雷電』與『人所使用』皆爲立敵所共許；惟『非神』乃立者所許，（立者或主神滅論及無鬼論。公孟子謂『無鬼神』，見公孟篇。）而敵者未必許也。（今俗謂雷公電母爲神。墨家亦明鬼。）蓋『非神』既爲敵者所未必許；於是始出其『人所使用』之『故』之共許法，以成立『非神』之不共許法。則『雷電』之所法上本具有『人所使用』與『非神』之二法無疑。而今又譬之曰『若雨水。』此『若雨水』三字中究具何義？兹察其命意之所在，似亦以『雨水非神，爲人所使用』而已。然則所謂『雷電』者，不已完全具有『非神』與『人所使用』之二法耶？如此相似，故曰『法同。』兹表其關係於左：

雷電 { 非神……………人所使用故 } 雨水
　　 { 人所使用故……………非神 }

由是依共許法『人所使用』之原理，可得一不共許法『非神』之斷案；則凡與『雷電』相類之物，如雨水等，必可比辟而俱行，卽『侔』也。列式於次：

辭……雷電非神。

說……人所使用故。

辟……若雨水，舟，車，……

侔……雨水爲人所使用，故雨水非神；舟車爲人所使用，故舟車非神；……乃至雷電爲人所使用，故雷電非神。

由是知『雷電』之爲物，能與『雨水』等得其同類之果，卽可觀其必爲同類；故曰『觀其同。』說言『法取同，』蓋取『雨水』以證『雷電』之『非神，』義尤明顯。

其次所謂巧轉則求其故者何耶？釋名云，『巧，攷也；考合異類共成一體也。』轉，說作傳。釋名云，『傳，轉也。』則傳轉同義通用。轉者展轉。巧轉者：正猶陰達邏輯（Inductive）嚴復譯內籀法，日本譯歸納法。及因明喻體；蓋將天下散見之事例展轉相明，然後統爲一同彙爲一貫而已。故由上文侔之結果定可以得『凡爲人所使用者皆非神也』之一綜例，是曰巧轉。又如上例，其『人所使用』之共許法，原以成立『非神』之不共許法。今既以『人所使用』爲『故』，則彼『非神』之法勢必隨從而與之俱；卽以『人所使用』之性，印證『非神』之性，是之謂『推』。所以吾人論辯，有時可不用侔；但須求其『故』以爲推，便可觀其巧轉之如何耳。故曰巧轉則求其故。

95 **經** 法異則觀其宜止，因以別道。

說 法○取此擇彼，問故觀宜。以人之有黑者，有不黑者也，止黑人；與以有愛於人，有不愛於人，止愛於人：是孰宜止？

解 法異與法同絕對相反。如前『雷電非神』一辭，其『爲神』之處，卽曰法異。止，卽定止之義。觀其宜止，謂所定止者觀其何爲宜也。因以別道，窺基論因明『異品徧無性』云『異者別義；所立無處，卽名別異。』此別道，似卽別義。蓋『雷電非神』之所立其無處卽『神』，而別異於『非神』；其別異於非神者，則決不爲人所使用。由是而得『凡神則不爲人所使用』之一言，藉以定止『凡爲人所使用者爲非神』之理，不及任何關係於其異，故曰宜止。理門論謂『異喻唯止濫，由離比度義故』，亦卽其恉。人有黑者；有不黑者。黑者取此也；不黑者擇彼也。以不黑者而定止黑者；故曰止黑人。又如人有愛於人，取此也；有不愛於人，擇彼也。以不愛於人而定止愛於人；故曰止愛於人。理門論云，『宗無因不有，名爲異法。』若就墨辯言，亦可謂『辭』所無處『故』亦不有。則此既以不黑者與不愛於人爲別義，其『故』亦與之無；所以當問其故而觀其孰爲宜止也。

96 **經** 正，無非。

說 ○彼舉然者以爲此其然也，則舉不然者而問之。若聖人，有非而不非。

解 前第九十二條正與過爲對文。蓋正之反面爲過；過有非，正無非也。

彼舉然者以爲此其然也，則舉不然者而問之，爲出故之說明語。蓋經文但言『無非，』義實函『非；』『非』恐有不解於出故之『然不然』者，故又以『非與不非』補敍之也。此與前第五十一條體例略同。

若聖人，有非而不非，（而讀若，與也。）嘗詞。夫聖人立言，固自立於正而無非（即然者）之地；然必先就其過而非者（即不然者）以問之，使夫正而無非者（即然者）更爲之定止。故聖人無過，取以爲嘗焉。蓋出故之然不然，即針對經文『無非』立說，義亦同也。

讀此書旁行

貴義篇載子墨子曰，『吾言足用矣。以其言非吾言者，是猶以卵投石也。』蓋墨子之言，皆由論式所組成，堅不可破，故自詡其言爲足用，爲不可非；詳察此言而益信也。

楊葆彝云，『五字當是後人所加，適在「無非」三字之上列。』孫詒讓云，『此校語，誤入正文。』梁啓超云，『此五字蓋傳寫者所加案語，錯入正文。因此五字，吾輩乃能得此經之讀法，其功不少也。』胡適云，『此似不然，原書亦未嘗不可有此五字。』按此五字原經本有，胡說爲是。別詳經說釋例。

經上篇下截共四十八條完

墨經易解（據校讀本）

下經——經下，經說下

1 經 止類以行人。說在同。

說 止◯彼以此其然也，說是其然也；我以此其不然也，疑是其然也。此然是必然則俱。

解 天下事物，端緒緐多；人生有涯，所知無盡。若官肢所接，識其當然，了無綱要則紊亂煩雜，將無已時，而眞知莫由得也。蓋所謂眞知者，在於能將事物之始終條理，融會貫通，以簡易而御繁變，以單一而持千萬而已。今欲暢明其道，綜計言之，觀念有二：

（一）類之觀念　宇內事物，散見紛呈，吾人苟能一一納諸類中，必有倫脊可尋，統系可得。譬之人然，有紅白黃黑之分，古今東西之別，智愚強弱之判，老少妍醜之殊，時境色性，屈指難窮；然類之觀念，永在恆存，決不因之有所消滅。故以人與類言，則得二事如左：

（甲）行人　行者猶言變遷（Change）。人有變遷性，如一類雖主故常，而一類之人，則必流動不息；故曰行人。

(乙)止類　止者猶言常住(Permanence)。類有常住性，如各人雖有生滅，而各人之類，仍然永久得存；故曰止類。

據上二事而言，止與行，類與人，皆相對成文。然以人之變遷而見類之常住，其道何由？經上第八十六條云，「同，……類。」說云，「有以同，類同也。」因此而得——

(二)同之觀念　蓋人雖紛紜萬變，而其類之爲圓顱方趾涉思治事則同；然則類之觀念當由同之觀念而得之矣。故曰說在同。

說是其然之「說」，卽小取篇「以說出故」之「說。」「疑，」定止之義。詩大雅，「靡所止疑。」傳云，「疑，定也。」卽是。

夫同固可以得類，而亦惟異可以證同；故凡事物先知其類，再加反證，而後眞理始愈彰明。故彼以爲「此然，」須說明其「此然」之故；我以爲「此不然，」卽以其反面而確定「此然」之眞妄。若此然是必然，可由同異而俱於此一，則所謂同而類者不致狂舉矣。茲舉上經第三十五條列爲論式以證之如左：

辭……功利民也。

故……待時。

推……不待時。(猶云若是不利民見彼不待時。)(異)

辟……若衣裘。（猶云若冬葛衣，夏鹿裘。）（異）（或若夏葛衣，冬鹿裘。）（同）

據右式，彼以功爲利民，此然應即說明其故而曰待時。蓋若夏葛衣，冬鹿裘：冬鹿裘於衣裘見其待時而利民也。說是其然然此從正面以爲推耳。設由反面言，若冬葛衣，夏鹿裘：即須證明『若是不利民見彼不待時；』此不然而後『若是待時見彼利民』之一辭，始得確定。疑是其然由是可知所謂功者確爲利民，此然是必然則正反二面皆非狂舉，俱而類同之能事畢矣。

2 **經** 推類之難，說在之大小。

說 推○四足獸——與牛馬；與物。盡與大小也。

解 推類之難『之』字與是同。淮南人間篇，『物類之相摩近而異門戶者，衆而難識也。故或類之而非，或弗類之而是；或若然而不然者，或若不然而然者。』又說林篇，『人食礜石而死，蠶食之而不飢；魚食巴菽而死，鼠食之而肥。類不可必推。』故此曰推類是難。說在之大小『之』字，志之省文。蓋志字從心，之聲；故志得省作之。墨子『天志』多作『天之，』『志功』亦作『之功』是其例。漢書，『有十志。』顏師古曰『志記也，積記其事也。』周禮春官保章氏鄭玄注，『志古文識字，記也。』是其義。呂氏春秋別類篇云『類固不必可推知也。小方，大方之類也；小馬，大馬之類也。小智，非大智之類也。』然苟能記識大小，則類亦不必難推。故曰說在志大小。爾雅釋鳥，『四足而毛謂之獸。』故曰四足獸。荀子非相篇，『以類度類。』楊倞注，『類，種類，謂若牛馬也。』按經言推類，故說舉牛馬爲喻。盡與大小也之『與』

通予；不同上二與字之義。周禮春官大卜，『三曰與。』鄭玄注，『與，謂予人物也。』說文，『予，相推予也。』段玉裁注，『予，與古今字。』蓋予與皆有推義，故經言推類，說言盡與大小，卽以大小爲推也。又小取篇『以類予，』亦卽以類推予之謂。

天下事物紛呈，殊途同歸，大氐括之以類；然總總林林，類亦無算。故有知此而不知彼者，卽以彼此相似之故而得知，（孟子，『故凡同類者舉相似也』）。則推類之術（Analogy）尚已。雖然，以類爲推，實爲簡易之思辨；而差謬常不能免者何哉？蓋大地無窮之事物，其形固不盡同，其實亦不必類。卽同矣類矣，而辨別大小，又常錯雜僢馳，漫無紀律；則推類難。然此究不難也，抑有術焉；所謂志於大小者是。此在因明則有三支，在墨辯則有三辯，在邏輯則有三段，凡此皆適用之以解決此項問題者也。茲以次論之如後：

（一）因明三支　按因明三支所重者在因，故因明爲明因之學。正理論云，『因有三相：（呂澂釋相爲表徵）謂偏是宗法性；同品定有性；異品偏無性。』例如云：

宗……牛馬（前陳）爲物。（後陳）

因……牛馬爲四足獸故。

此所謂偏是宗法性者，卽言『四足獸與牛馬』之關係也。蓋牛馬爲四足獸之一，此外若犬羊等，莫非四足獸。如圖：四足獸之範圍，較牛馬大；卽四足獸之含義，得以偏於牛馬之範圍。故因明論式之成立，其因對於宗之前陳，範圍當較大，（或相等）決不可使之較小也。其次同品定有性者，卽言『四足獸與物』之

關係。蓋於牛馬所具『爲物』之條件以外，在物之範圍中，以勘驗其他有無四足獸之關係爲準的。如圖：凡物之中，於牛馬外，其他同品之物，以有四足獸之關係，即可以說『凡四足獸皆爲物』（同喻體）之一言。故牛馬若爲四足獸之一，則所謂『牛馬爲物』者，必成定有之事實也。但此云定有而不曰徧有者，特以四足獸之範圍小，物之範圍大之故。

綜觀以上一二兩相，可知牛馬屬於四足獸之一，即四足獸之範圍大於牛馬。所以前陳牛馬必盡(Distributed)，而後陳四足獸必不盡 (Undistributed)。夫曰牛馬，自是賅舉一切牛馬言，故謂之盡。若四足獸之爲言，不獨牛馬，此外若犬羊等皆是，則四足獸在此未能盡類，故謂之不盡。推之四足獸屬於物之一，即物之範圍大於四足獸，故四足獸盡而物不盡也。以如斯簡易條件，推予『四足獸與牛馬』及『四足獸與物』大小之關係，不難立辨『牛馬與四足獸』之盡及『四足獸與物』之不盡；故曰盡與大小也。再以圖明之：

（一）

（＞「大於之符號」）

（二）

（三）

觀右圖，因大於前陳，卽第一相徧通之理；後陳大於因，卽第二相定有之理；皆所謂盡與大小也。蓋以類爲推，藉三支式以記識大小，實不難得其眞妄之情焉。再次異品徧無性，已見上條及上經第九十五條，玆不復贅。

(二)墨辯三辯　按三辯卽大取篇末『故理類』三物，合『辭』共爲四物以組成論式；蓋因明喩支分爲體依二者，亦四支也。其詳別見三辯義例，玆不多論，但就前式列左以便對照：

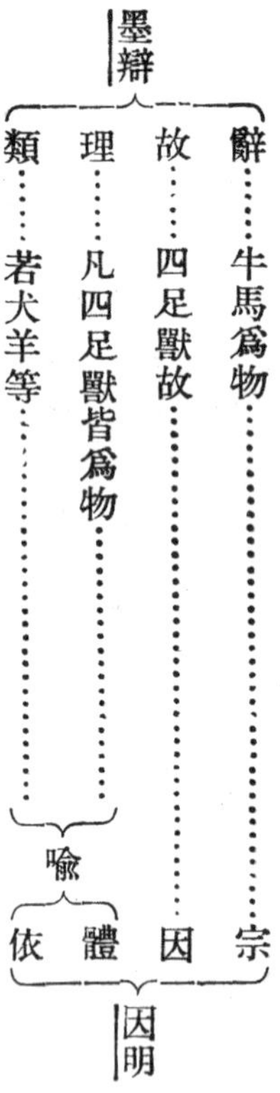

(三)邏輯三段　三段論法，西名司洛輯沁(Syllogism)，此言『會辭』，嚴復譯『演連珠』，東譯『三斷法』也。名學淺說第十章云：『凡論一事理而有所斷決者，雖語勢文理隱現不同，質而言之，要皆從二原而得一委，或由一例(Major Premise)(東譯大前提)一案(Minor Premise)(小前提)而得一判(Conclusion)(斷案)，合三辭而成一辯。所用之詞，有負詞者。如戰國策陳軫設畫蛇之喩，其先成之舍人，以添蛇足而反失酒，後成者駁之曰：

例……夫蛇固無足，
案……今爲之足。（猶言此所畫物乃有足。）
判……是非蛇也。（猶言此所畫物不可名蛇。）

此吾國文字中甚古之辯也。顧此乃三辭皆見者，而亦有所用例案存人意中，不待贅說。此如蘇軾武王論，其發端曰「以臣伐君，武王非聖人也。」二語僅列一案一斷；若將其全敍，當云：

例……聖人不以臣伐君。
案……今武王以臣伐君。
判……故武王非聖人也。

略舉此二式，學者可悟凡有論斷，莫不皆然。』茲更將前式列爲三段式如次：

例……凡四足獸皆爲物。
案……牛馬爲四足獸。
判……故牛馬爲物。

試以右式與因明墨辯比較，其不同之點，不過一三兩段互易而已。蓋邏輯之例，卽因明之喩，墨辯之理；推卽案，卽因故；判，卽宗辭。若以三段法與因明古師之五分作法及墨辯小取篇之六物式對照觀之，三者實同一結構，亦物支段之數繁簡不同耳。

墨辯六物式		因明五分作法	邏輯三段式
辭	牛馬爲物	宗	
故	四足獸故	因	
辟	若犬羊等	（新因明爲喻依）	
推	凡四足獸皆爲物	喻	例
侔	牛馬爲四足獸	合	案
援	故牛馬爲物	結	判

3 **經** 物盡同名。（二與鬬；子與愛；食與招；白與視；麗與暴；夫與屨。）說在因。

說 ○物麋同名。俱鬬，不俱二：二與鬬也。包肝肺：子與愛也；橘茅：食與招也。白馬多白；視馬不多視：白與視也。爲麗必暴；不必麗與暴也。爲非以是不爲非：若爲夫以勇不爲夫；爲屨以買不爲屨：夫與屨也。

解 孫詒讓云，『物，猶事也。』按經上第四十二條，『盡，莫不然也。』則物盡同名者，謂天下之事物莫不同名也。說在因者，謂物名之所以盡同者，亦因仍爲義故耳。張惠言云，『同名之類，有此十者。』孫謂『當云十一者。』曹耀湘云，『此條所辯者凡六事。』按曹說甚是，觀說語便知。

物糜同名：張云，『糜，靡同。』按此謂凡事物不以因仍爲義，而剖之極晰，則非同名而爲異名矣。

莊子天下篇惠施曰，『萬物畢同畢異，此之謂大同異。』按此卽論大同異耳。

荀子修身篇楊倞注，『同異，謂使異者同，同者異。』按此物盡同名，所謂異者同也；物靡同名，所謂同者異也。然言雖辯察，究與公孫龍輩『合同異』之說有別。

二，與貳通。禮坊記『稱二君。』鄭玄注『二，當爲貳。』可證。爾雅釋詁，『貳，疑也。』玉篇云，『貳，敵也。』蓋鬬毆疑貳，皆爲敵對之稱，故可謂之同名。然曹云，『俱鬬者，人相鬬毆，則糾結而不離；不俱二者，人相疑貳，則乖離而不合：故有俱不俱之異。』是也。說文，『包，象人裹妊；已在中，象子未成形也。』又『肝，木藏也。肺，金藏也。』秦策，『子元元。』高誘注，『子，愛也。』蓋子訓爲愛，可曰同名。然包胎之裹，肝肺之臟，持養各別，則其所以爲愛者異矣。說文，『橘，橘果出江南。』周禮甸師注，『茅以供祭之苴；亦以縮酒。』又司巫云，『旁招以茅。』蓋橘以供人之食，茅以招神來饗食招二字義似可通。管子五行篇，『鬼神饗其氣焉，君子食其味焉。』然一以食人，一以招神，實有別也。視馬，孫云，『蓋言馬之善視者也。』按說文，『視，瞻也。』莊子徐無鬼篇『吾相狗也中之質若視日。』釋文引司馬彪云，『視日，瞻遠也。』則此視馬似亦良馬瞻遠之義。蓋視爲能視，白爲所視，其爲視也則同。然所視之白可云多白，而能視之馬不可云多視：故白與視大殊矣。

麗，驪之省文。楊葆彝引公孫龍子通變論『驪暴』之義以釋本條；彼舊注云，『驪，色之雜者也。暴，亂。』

則雜亂義通。然謂驪雜必亂；而暴亂未必雜：故曰爲麗必暴不必。爲非以是不爲非：猶云以是爲非不爲非；以非爲是亦不爲是也。夫疑假爲跗。詩小雅，『鄂不韡韡。』鄭玄箋，『不，音夫，當作柎，鄂足也。』音義，『柎亦作跗。』按淮南人間篇有『兪跗』，羣書治要引作『兪夫』，知二字音義古通也。跗者：士喪禮，『乃屨綦結于跗連絇。』賈公彥疏，『跗，謂足背也。』足背爲跗，因而屨綦結于跗者亦謂之跗也。勇踊之省文。類篇，『踊或從勇作踴。』左昭三年傳，『屨賤踊貴。』（韓子難二篇作踴貴）孔穎達疏，『踊，刖足者之屨也。』蓋踊爲刖足者因而刖足者之屨亦謂之踊。此踊與跗皆屬名起於事之字也。說文，『蕢，草器也。』按孟子告子篇引龍子曰，『不知足而爲屨，我知其不爲蕢也。』蓋蕢形似屨，故用爲言。猶說文謂『履從舟象履形』耳。下文第五十七條，『於「以爲」無知也。』蓋是非二者，對待之名；嚴於封界，不得「以爲」視之。正猶以踊爲跗不爲跗，以蕢爲屨不爲屨之比。而跗屨雖同爲著足之物，究亦差異，不可謂爲一義也。

4 **經** 一偏棄。謂之而因是也。不可偏去而二。說在見與俱；一與二；廣與脩。

說 一◯一與一亡；二與一在。偏去未……。有之實也而後謂之；無之實也則無謂也。若敷與美，謂是，則是因美也；謂也則是非美；無謂則疑也。見不見離，一二不相盈；廣脩，——堅白。

解 偏去之義，詳上經第四十五條。如云『美花：』美可偏去，故曰一偏棄。說文言部謂字下段玉裁注云，

『謂者，論人論事得其實也。』此謂之，蓋言有實而後謂之也。因是二字，亦見公孫龍子堅白論，彼舊注釋爲『因是天然』，蓋謂因其自然也不可偏去而二，如云『堅白石』謂堅或白皆不可偏去於石也。『說在』下各句，堅白論有曰『石之白，石之堅，見與不見，二與三，若廣修而相盈也。』核皆或問之辭，殆卽龍援此立論以資辯難者。所謂石之白，石之堅，見與不見，卽此見與俱；以見就白言，俱合堅白言也。其二與三，卽此一與二。彼以堅白之二，又以二與石之一，合而爲三，故曰二與三；此卽謂石之一與堅白之二，故曰一與二。其廣修，卽此廣脩。九章算術劉徽注云，『凡廣從相乘謂之冪』幾何原本云，『面者止有長有廣』按廣從，卽縱橫。長廣，卽廣脩。廣以橫言，脩以縱長言耳。相盈，此說作不相盈，蓋由反面言之。

說『亡在』二字，卽上經第四十五條『去存』之意，亦卽下文第三十七條『石一也，堅白二也而在石』之在。偏去未，孫詒讓云『謂或去或未去也。』按未下省偏去二字，猶云偏去與未偏去。之實，孫云，『之，猶此也』按實者物實，今曰物體，亦卽本體。實有屬性爲指，今曰品德，亦卽現象。（見下第三十八條）如美花：花，實也；美，指也。如堅白石：堅白，指也；石，實也。名家謂物有實有德，故曰『有之實也而後謂之；無之實也則無謂也。』公孫龍輩謂指卽物，形物不過爲實。故其指物論云，『物莫非指，而指非指。天下無指，物無可以謂物。』此云無實則無謂，彼云無指則無謂；偏其反矣。敷，蘛之省文。詩召南，『唐棣之華。』釋文，『古讀華爲敷。』集韻，『蘛，華之通名。餔爲華貌謂之蘛；或作蒪。』按說文無蘛，有華與蒪，云『蒪，華布葉也。』

蓋藪華傳古皆同音；今俗率用花字。謂也「也」字，孫云，「疑當讀爲他。」按「也」，他之省文。非美，美之對稱。離者分隔之義。荀子儒效篇，「堅白之同分隔也。」原作堅白同異之分隔也；今正。楊倞釋爲「分別隔易」，卽是。又公孫堅白論云，「得其白，得其堅，見與不見離；不見離，一。一不相盈，故離。離也者，藏也。」其辭例略同，而含義亦無異；蓋此本用公孫之說爲反證耳。

本條辯美之於花與堅白之於石不同：蓋美花可偏去；堅白石不可偏去也。美花者：美一；花一。旣有花一之實，乃可謂之而以美一因之。故美一因花一，謂之美花。若偏去美一，則花一如故耳。堅白石不然。如有石一之實，乃可謂之而以堅白之二因之。然祇可謂之堅白石，斷不可去堅或去白而石尚存者。此緣所見之白一，見與白一見堅一不見之俱，不同。故曰見與俱以白一對於他物可偏去，如白馬爲馬而俱卽堅白二對於石一不可偏去。故曰一與二蓋堅白二德，同時存在，如一平面之廣修；偏去其一，皆不得成爲平面故也。故曰廣與脩一與一，可偏去；二與一，不可偏去。如花一也，美一也，而因於花；可謂美花爲花。去美而花仍在；故一與一亡可也。石一也，堅白二也，而因於石；故曰堅白石。偏去堅或白，石皆不存；故必二與一在。蓋物有本體，如花如石，然後謂之。本體若無，復何能謂？故此花旣謂，則可因之以美。若謂他物，則因者亦爲非美。此非美猶云異於美苟無實無謂，將萬事疑惑而不能定矣。又堅白之云，苟見白與不見堅分離於石，則石一與堅白二必不相函；正猶廣脩二之於平面一，其廣脩分隔亦不相函矣。

案上條言同異，曰物盡同名；物麋同名。本條言美花曰一可偏去；言堅白石曰二不可偏去。此實名家一絕大論題，而亦所恃以爲其說之張本；故當時研討詳明若此。但形名家如公孫龍輩大反其說；於同異則合之，於堅白則離之。自此以往，幾無一而非對敵焉。莊子所謂『知詐漸毒，「頡滑堅白解垢同異」之變多，則俗惑於辯；』殆卽斥龍輩言也。今人不察，輒以龍書曲附本經，此援彼據，重悂貤繆，幾不可窮詰矣。用特表而出之，以告讀是經者。（別詳舊作公孫龍子形名發微）

5 **經** 不能而不害。說在容。

說 不○舉重不與箴，非力之任也。爲握者之觭倍，非智之任也。若耳目。

解 天下萬事，理無求備，嘗有爲人所不能者，不以爲害。卽能矣，而亦未嘗以此見長；且有不任智力而能之者，乃不謂之能也。故曰不能而不害。

說在容，卽說所舉若耳目之譬。此正與下文第七十六條經云『說在仵顏，』說云『若左自出右自入』之辭例同。惟彼則仵其顏，此則容而不仵；蓋兼具含容之義，不見有所偏至爾。

說文，『箴，綴衣箴也。』周禮夏官，『以任邦國。』鄭玄注，『任，事以其力之所堪。』爾雅釋言，『握，具也。』邢昺疏，『握持辦具也。』漢書律歷志，『算法用竹，徑一分，長六寸，二百七十一枚而成六觚，爲一握。』則爲握者，計數之事也。孫詒讓云，『說文，「觭，角一俛一仰也。」經上云「倍，爲二也。」觭倍者，觭爲一，倍爲二。』按荀子儒效篇，『應當時之變，若數一二。』楊倞注，『如數一二之易。』此卽其義。箴極輕微，無所任力；舉重而箴不與者，以非力之所事也。一二最易知，計數者不以能知一二見長，以非智之所事也。二者皆在智力範圍以下，故曰不能而不害。若耳目者，孫謂『視聽殊用，各有所不能。』是也。蓋耳司聞，目司視，其異任也，其無以代也；故目不能聞，耳不能視，不害其爲聰明焉。列子仲尼篇載陳大夫謂亢倉子能以耳視而目聽。亢倉子答曰，『傳之者妄。我能視聽不用耳目，不能易耳目之用。』即是。

6 **經** 異類不吡。說在量。

說 異◯木與夜孰長？智與粟孰多？爵，親，行，賈，四者孰貴？麋與霍孰霍？蚓與瑟孰瑟？

解 吡，比之繁文。大取篇，『德行，君上，老長，親戚，此皆所厚也。』與此爵親行三者相近。孟子謂『天下有達尊三：爵一，齒一，德一。』莊子天道篇云，『宗廟尚親，朝廷尚尊，行事尚賢。』尸子勸學篇云，『爵列，私貴也；德行，公貴也。』皆是。賈，價之省文。下第三十條云，『買無貴，說在仮其賈。』蓋價有貴賤。孫詒讓謂『賈直之貴』是也。麋與霍之『霍』，鶴之省文，通鶴，見上經第八十九條。孰霍之『霍』，矐之省文，通皬。說文，『皬，鳥之白也。』按皬本訓鳥白，引申爲凡白之稱。故類篇云，『皬，白也；與矐通。』孫云，『蚓，即蚓之異文。』按亦見上經第八十九條。宋李石續博物志云，『蚯蚓長吟地中，江東謂之歌女。』說文，『瑟，包犧氏所作弦樂也。』徐鍇曰，『黃帝使素女鼓五十弦瑟，黃帝悲，乃分之爲二十五弦。今文作瑟。』韓子外儲說左下云，『夫瑟以小絃爲大聲，以大絃爲小聲。』按瑟之音促，故與索字通用。索居，梁武帝詩作瑟居；蕭索，楚辭九辯作蕭瑟：皆即此第二瑟字之義。又爾雅釋樂，『大瑟謂之灑。』釋文引孫炎云，『音多變，布出如灑也。』郝懿行云，『灑瑟以聲轉爲義。』蓋亦即此瑟字。

推類致誤，多由於異類相比之故。常人見理未眞，動將渺不相涉之事物，雜糅牽合，認爲同類而相校比；以致乖謬叢生，不可究詰。若知異類不比之理，則推類之難，當可大減。說在量者，謂量不能比也。茲列不比之量有五：(一)長短之量不比。如木長，夜長：木以數言，夜以量言；故木與夜不能比長。(二)多寡之量不比。如智多，粟多：智以量言，粟以數言；故智與粟不能比多。(三)貴賤之量不比。如爵親行價四者皆貴：然爵以數言，親以量言；而行以量言，價以數言；故爵親行價不能比貴。(四)色量不比。如麋爲白獸，鶴爲白禽；其皎潔之度各異，故不能比。(五)聲量不比。如蚓之長吟，瑟之多變；其節奏之度不同，亦不能比。

此似承上第三條『物麋同名』申言之，蓋謂異類之名不比也。

7 **經**偏去莫加少。說在故。

說偏○俱一無變。

解 經上第四十五條，『損，偏去也。』說云，『謂其存者損。』梁啓超云，『加少，增減也。莫，猶無也。』按廣韻，『故，舊也。』則莫加少猶云無增損者，以其爲故舊耳。

此承上文第四條申言之；卽一偏去二不可偏去耳。如云美花：美一；花一。苟偏去美一，則花一如故，無所增損；故曰說在故。又如云堅白石：堅白二者俱於一石，不可偏去，則無可變易；故曰俱一無變。

8 **經**假必誖。說在不然。

說假○假必非也而後假。狗假霍也——『猶氏霍也。』

解　說文『假非眞也。』又『誖，亂也。悖，誖或從心。』孫詒讓云，『誖與非，義同。正者爲是則假者爲非。』按孫說是。經上第九十六條云『正無非。』此云假必誖，假必非，相互見意。但小取篇謂『假也者今不然也』與此不同。彼云今不然後乃或然。此直云不然，乃爲上句必誖而出故。然則彼爲假設之假，此爲眞假之假無疑。蓋物有假名，卽下第七十二條之『非名，』故又曰假必非也而後假之假，當爲叚。說文，『叚，借也。』然既曰叚借，亦非眞矣。

狗假霍者：狗爲一物之本名，再有假名謂之爲霍耳。戰國齊策三，『韓子盧者天下之疾犬也。』晉張華博物志，『韓國有黑犬名盧。』而齊策四又云『盧氏之狗。』按盧爲黑色；故犬黑名盧，曰盧氏狗。（按韓有盧氏邑，疑後起也。）今狗假爲霍，豈欲形其狗之白因取鶴以爲之名而曰猶氏霍歟？說文，『猶，玃屬。一曰隴西謂犬子爲猶。』尸子曰，『五尺狗爲猶。』（顏氏家訓書證篇引）漢書地理志下顏師古注曰『凡言氏者，皆謂因之而立名。』又集注云，『古「字，氏，是，」同。』故『猶氏霍，』下第五十三條作『猶是矐，』又第七十二條作『猶是霍』皆卽『猶字鶴』蓋謂猶之一物而字以鶴之名也。此『猶氏霍』三字，頗似當時名家成語；本條用之以爲上句『狗假霍』之比況焉。則狗假『鶴』名，與『猶』之字鶴，有同然者矣。

左桓六年傳申繻論命名有五中云『取於物爲假。』杜預注，『若伯魚生，人有饋之魚因名之曰鯉。』莊子天下篇釋文引李云，『形之所託，名之所寄，皆假耳，非眞也；故犬羊無定名。』又尹文子云，『康衢長者字犬曰善噬。』按孔子之子名鯉，長者之犬名善噬，皆屬假於物事以爲名；蓋物假他名與名以字物，一也。

9 **經** 物之所以然，與所以知之，與所以使人知之，不必同。說在病。

說 物○或傷之，然也；見之，智也；告之，使智也。

解 孫詒讓云，『病與傷義同。』按二字尚有虛實之別。張惠言云，『智，讀爲知。』按說文，『𥏼，識詞也。』又『知，詞也。』又『識，一曰知也。』今通讀知平聲，讀智去聲，而𥏼廢矣。

經說下知字多作智。

小取篇云，『其然也，有所以然也。其然也同，其所以然不必同。』按其然者成事之果，而所以然方爲成事之因。故有果同而因不必同者，在辯學謂之『果同因異』(Plurality of Causes)。本條闡發此理，頗爲詳備。蓋謂其然也同，其所以然不必同；其知也同，其所以知之不必同；其使知也同，其所以使人知之不必同也。試言其病：公孟篇曰，『人之所得於病者多方：有得之寒暑，有得之勞苦。』是故一人之病，其致傷之果同，而或由寒暑或由勞苦之因不必同。設有數醫於此，同見其傷於寒暑；然其所以知病之方不必同，則或由脈息或由腸胃以及他驗皆可也。又如立一醫案，其告病人使知則同，而其所以使之知其病原者，則或由脈息或由腸胃以及他驗皆不必同也。

梁啓超云，『例如蒸熱之氣，遇冷而降，此雨之所以然也；吾因偶有所見而明其理，是所以知也；設種種試驗使人共明其理，是所以使人知之也。所謂科學精神者，不惟知其所以然，又須使人知之。我國言學問，言藝術本已不甚求其所以然矣；再加以有所謂「能以意會不能以言傳」者，此科學之所以不昌也。』按墨辯爲學極合今之科學精神；觀於本條，已可概見。梁氏之言特砭末流耳。

10 **經** 疑。說在逢；循；遇；過。

說 疑○蓬爲務則士爲牛廬者夏寒：逢也。舉之則輕，廢之則重，若石羽，非有力也；枇從削，非巧也：循也。鬬者之敝也以飲酒；若以日中是不可智也：遇也。智與？以已爲然也與？過也。

解 梁啓超云，『易文言傳云，「或之者疑之也。」或如此，或如彼，未能斷定，謂之疑。事物之應懷疑而不可輕下武斷者有四種：一曰逢；二曰循；三曰遇；四曰過。』按梁說是。惟『疑』常具二義：（一）疑惑；（二）疑立。（禮經多疑立語，疑本假爲𠤕。說文，『𠤕，定也。』（據段校）經典通以疑爲𠤕。）義相反而實相成。荀子非十二子篇曰，『信信，信也。疑疑，亦信也。』然則所謂疑者固爲議物之非是，亦爲求誠之反證，所係於辯學者甚大也。爾雅釋詁，『逢，見也。』方言一，『逢，迎也。』說文，『循，順行也。』漢書杜周傳集注，『循，因也，順也。』左莊二十二年傳疏，『遇者不期而會之名。』禮記王制疏引異義云，『卒而相逢於路曰遇。』按逢循遇三者皆就現事言。孫詒讓云，『過，已過之事。』然則『過』就往事言耳。山海經海內經注，『蓬，叢也。』詩小雅采菽傳，『蓬蓬，盛貌。』蓋急言之爲蓬，長言之爲蓬蓬也。說文，『務，趣也。』徐云，『言趣赴此事也。』易繫傳上虞注，『務，事也。』則蓬爲務者，猶云蓬蓬爲務，卽謂忙於所事也。荀子堯問篇楊注，『士謂臣下掌事者。』白虎通云，『士者事也；任事之稱也。』孫云，『說文，「廬，寄也；秋冬去春夏居。」此牛廬蓋以養牛若馬之庌。周禮圉師，「夏庌馬。」鄭注，「庌，廡也；廡所以庇馬涼。」吳子治兵篇云，「夏則涼廡。」蓋牧馬牛者並有之。凡爲廬者欲其暖，而庌則取其夏寒。』公羊宣八年傳何注，『廢，置也。』若石羽者，管子白心篇，『其重如石，其輕如羽。』說文，『桃，削木札樸也。』後漢書楊由傳，『風吹削桃。』顏氏家訓書證篇云，『此是削札牘之桃耳。古書誤則削之，故左傳云「削而投之」者是也。』考工記，『工有巧。』管子形勢篇，『奚仲之巧，非斲削也。』又解云，『巧者奚仲之所以爲器也；斲削者斤刀也。』此卽其義。敝，蔽之省文。若，猶或也。孫云，『日中，謂市也。易繫辭云，「日中爲市。」市以日中時爲最盛，卽周禮司市所謂「大市日昃而市，」故因謂市爲日中；猶嫁娶之禮用昏，因謂之昏也。凡飲酒及市，皆易啓爭鬭，故云不可知也。』兩與字，並歟之省文，本亦通用。說文，『歟，安氣也。』徐曰，『氣緩而安也。俗以爲語末之辭。』下文第三十三條，『過而以已爲然。』

見忙於服務者，疑爲掌事之士；見爲牛廬者，疑所以取夏寒：所謂逢也。舉之輕者若羽，置之重者若石，因疑力之有無而實非也；木札之樸，由於斧斤之斲削，疑者因以爲巧，然非巧也：所謂循也。偶遇鬭者，疑以蔽於飲酒；或疑其蔽於市易；皆不可知也：所謂遇也。天下之事，由現知耶？抑以已過之事而後今知其然耶？所謂過也。

11 經 合與一，或復；否。說在拒。

說 ……………………

解 本條論動力學(Kinetics)之理。合者合數力也，一者一力也，相對爲文。此與左襄二十五年傳『一與一』之辭例正同；則『與』猶敵也，當也。或復否猶云或復，或不復。復者反也，今力學謂之反動力(Reaction)。

此具二義：(一)合與一或復；(二)合與一或不復。何以知其復？以其相拒故。

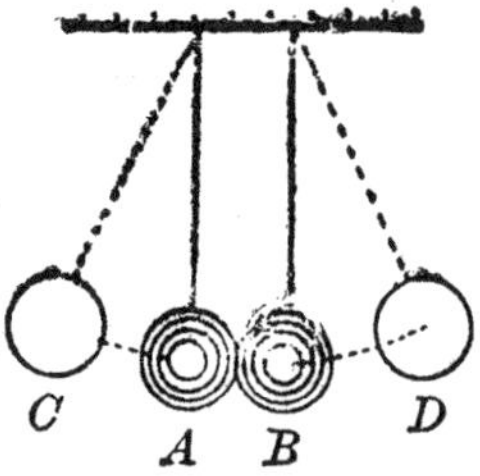

牛頓動例第三律曰，『凡動(Action)即謂主動力必復，物等，其力亦等；惟方向反。』今試先舉『一與一必復』之例以明之。如圖：取AB二同質之球今多用象牙球或鋼球以綫並懸梁上。若移A球至C處縱之，則見A球擊中B球時，A球卽止；而B球乃被擊至D處，且D之高等於C之高。此因A球進擊B球時，A球卽爲主動力，卽外力其方向爲自左至右。B球受擊後，卽生大小相等而方向自右至左之反動力。此反動力旣與主動力相等而相反；故B球相拒，二力相銷，而使A球停止。所以AB二球若大小同，則其速率之大小卽A球由C至A，B球由B至D。，亦必相同；而D之高等於C之高矣。由是吾人可悟——

(一)『合與一或復』之理。蓋如前圖若合二A球自C處擊B，則主動合力大，反動力小。於是自C至二A之速率小，自B至D之速率大，卽D高而C低矣。茲更舉一實例以廣明其義：譬如彈丸射自鎗中，其鎗必因反動力後退。蓋以彈體甚小，鎗體較大；故彈之進程極大，鎗之退路頗小也。然若密著鎗柄於地，則祇見彈之進，而不覺鎗之退。是何故耶？由此吾人卽亦可悟——

(二)『合與一或不復』之理。蓋以彈體綦微，鎗柄合及地球，可稱極大；二者懸殊泰甚，反動力等於無，已無速率之可見，故曰不復。

12**經**歐物，一體也。說在俱一，惟是。

說偃○俱一，若牛馬四足；惟是，當牛馬。數牛數馬，則牛馬二；數牛馬，則牛馬一。若數指：指，五；而五，一。

解 經歐字，說偃字，並區之繁文。王闓運云，『惟，惟是，獨也。若區物，俱一，同也；若一體。』按王先析經文爲四，復括爲二而配偶之，實具卓見。孫詒讓云，『惟，當作唯。唯，唯是者，謂物名類相符，則此呼彼應而是也。俱一爲合，惟是爲分。』又云，『公孫龍子謝注，「唯，應辭也。」按唯是言應者，則唯是或牛或馬，名實相符；則此呼而彼應，是名當其物也。』按孫說是。但此唯作惟，二字古本通用。

上經謂物爲達名，以『物』爲物之全；又謂體分於兼，以『體』爲物之分。故此『區物』『一體』相對成文，猶云區分物之全而統一物之分也。然一體由於俱一；區物由於唯是。經文錯綜，相互見意。

小取篇云，『一馬，馬也。二馬，馬也。馬四足者，一馬而四足也，非兩馬而四足也。』此云一牛四足，一馬四足，牛馬兩一，俱爲四足；故曰俱一，若牛馬四足。經上第七十四條說云，『不當若犬。』又本經後第七十二條云『唯吾謂「非名」也則不可。說在仮。』仮者猶云拒卻。蓋吾謂『非名』之不當而人不可唯之，故拒卻也。然則吾之謂當乎牛，則人應之以牛；當乎馬，則應之以馬：方爲兩當。若物本牛馬而謂之犬，則吾不當而彼仮矣。故曰惟是，當牛馬。呂覽審分篇云『今有人於此，求牛則名馬，求馬則名牛，所求必不得矣。』亦卽此意。數牛數馬，則牛馬二，卽區物也。數牛馬，則牛馬一，卽一體也。

若數指，指五而五一，譬詞也。分數指，則一手五指，卽區物之說。合謂指，則五指俱一，卽一體之說也。

墨辯終極之鵠，在於自悟以悟他；詳見墨辯軌範然悟之之術，其大旨要不外乎二端，卽區物(Analysis)今謂之分析法與一體(Synthesis)今謂之綜合法是已。蓋吾人擅研事物，取繁複之現象及其爻變，剖判之以爲單一之素質焉，此區物之術也。援單一之素質而貫通之，以明繁複現象及其爻變之所由成，此一體之術也。之二者碻爲擘究一切科哲之始基。此外殆皆實同而名異，或其混合爲用者耳。如歸納法 (Inductive Method)乃摭別異之事實，以求其彼此之關係，而滙於通常之理法者，謂其由萬殊以歸一貫，固一體之用也；顧所處理者不外別異之事實，則區物之用亦寓其中矣。次演繹法 (Deductive Method)，乃取既知之通常理法，或假定之彼此關係，以獲別異之事實者，謂其由一貫以及萬殊，固區物之爲也；顧所注重者不外通常之理法，則一體之爲亦賅其內矣。此不獨尋繹事物爲然，卽敷陳理致，殆未有不由此道者。史記司馬相如傳贊太史公曰『春秋推見至隱；易本隱以之顯。』亦卽此一體區物之說焉。

類族卽一體辨物卽區物之事，展轉推究，似易而實難。常法：但取其及見而便事者以爲合分，不獨多所挂遺，其大弊尤在雜廁多而相掩入。故欲袪此弊，宜先從事於分而後爲合也。分之道有三：一曰兼（Total Division），即總分謂所欲分之大類也；二曰別（Member Division），即支分謂所既分之各節也；三曰準（Principal Division），即初分謂所據分之本位也。如分獸類然：四足獸爲總分，即兼；牛馬爲支分，即別；牛有角，馬無角，所謂當牛馬，爲初分，即準也。

13 **經** 宇或徙。說在長。

說 宇◯長徙而有處，宇。南北在旦有在莫。

解 孫詒讓云，『說文戈部云「或，邦也。」或從土作域。此即邦域正字，亦此書古字之一也。徙者，言宇之方位，轉徙不常，屢遷而無窮也。』按經言域徙，說言長徙，相對成文。處亦域也。王引之云，『有，讀爲又。』上經第四十條言『宇彌異所，冢東西南北。』則東西南北異所者有域徙之形也。又第三十九條言『久彌異時，合古今旦莫。』則古今旦莫異時者亦有長徙之形也。（莊子秋水篇，『何時而不移。』）今假定域徙形成而無坪處，長徙形成而無本標，則彌偏所徙之域即宇也，彌偏所徙之長即久也。然域徙則長徙，二者常相需而並起。若以域徙之彌異所，合之所需長徙之彌異時，即可形成一宇久，則謂宇由域徙長徙二者之綜計亦可。故曰宇或徙，說在長。

域爲宇之一部分，長爲久之一部分；則宇久二者，皆屬至大無際之名也。故名家以宇久爲渾淪常住；而域長則爲各別遷變。

據上以觀，經文可改言『宇，域徙而有長；』則與說言『長徙而有處，宇』文正相對。蓋凡徙而有長者，亦必徙而有處；以長徙，域徙，皆不外乎宇耳。段玉裁云，『韋昭曰，「天宇所受曰宙。」宙字從宀者，宙不出乎宇也。』故曰長徙而有處，宇。

南北在旦又在莫，係譬詞。蓋旦之南北，至暮已非；因有旦暮異時之長徙，方見南北異所之域徙。

14 **經**『宇久不堅白。』無久與宇，堅白說在因。

說宇○宇徙久……。無堅得白，必相盈也。

解　宇久不堅白五字，係引起下文之辭，於論式爲特例。

因疑以雙聲假爲攖；卽上經第六十七條『堅白之攖相盡』是也。但因亦自有攖義耳。

此似破辯者『離堅白若縣宇久』之說也。莊子天地篇有一節云，夫子問於老聃曰，『有人治道若相放，「可不可，然不然。」辯者有言曰，「離堅白若縣寓。」』竊意此語證之本條，容非寓言。所謂『離堅白若縣寓，』縣亦離隔之義。漢書高帝紀，『縣隔千里』可證。寓，說文宇部謂籀文從禹；故寓久，今多作宇宙。但此祇言縣寓而不言縣寓久（或宙）者，疑本脫落久字，或單稱寓兼久言耳。史記秦皇本紀，『宇縣之中。』集解，『宇，宇宙。』卽其例。此『辯者』意卽斥鄧析一輩之形名家而言。（別詳舊作形名發微）蓋彼時辯者以堅白之分離取譬於宇久之縣隔，故曰『離堅白』若『縣宇久。』但名家非之，以謂宇久固不可縣隔，而堅白亦斷不可分離。蓋宇久二者雖常連繫以爲存在，究不待他物爲之依附。若堅白不然，二者必待有石而後見。石之存在，卽堅白之存在。石苟無之，堅白何有？是以宇久與堅白，各成其事，不相比喻；故直曰宇久不堅白。著一『不』字，決定之詞也。按宇兼宙言；亦見上條

既謂宇久不堅白，則堅白二者，宜非宇久之可比卽析言之，亦無久與宇之可存。故曰無久與宇，堅白。何以故？以堅白攖而宇久非攖故。

無堅得白之『無』，撫之省文，與拊通用。

宇久本體，常住不變；特以域徙長徙之故，乃生關係。故曰宇徙；久……。蓋謂宇徙，久亦徙也。若堅白二者，攖而相盡；關係密合，不容判分。一經拊堅，卽可得白；其必相盈無疑。

15 **經** 在諸其所然若未然。說在於是推之。

說 在◯堯善治，自今在諸古也。自古在之今，則堯不能治也。

解 張惠言云，『在，察也。』按若與也。『於是推之』之『是』，係代詞（Pronoun），卽代上句之『其所然若未然』六字。故此猶云『在之於「其所然與未然」說在於「其所然與未然」推之。』所然者既知界，未然者未知界。茲合既知界與未知界之全體而察知之，其道奚由？曰，此由以既知界與未知界而總合推斷之是也。

墨辯論式，於『辭故』外設『譬』，以佐證『辭』義；正猶因明三支，於宗因外設喻，以曉明所宗。無著雜集論曰，『立喻者，謂以所見邊與未所見邊，和合正說。』所見邊者卽既知界，未所見邊者卽未知界。

蓋因明以由已知界推斷未知界爲軌則。如上第二條所解最後論式中，卽由『若犬羊等』正說，以結合『四足獸』因之既知界與『物』宗之未知界，使『凡四足獸皆爲物』之事實確然成立；則既知未知之邊，畢竟和合也。師子覺對法論釋前論文曰『所見邊者，謂已顯了分；未所見邊者，謂未顯了分。以顯了分顯未顯了分，令義平等，和合義所有正說，簡別似喩是名立喩。』由是以觀，因明之所謂喩，與墨辯之所謂譬者，不僅以同類之事物，使人易於了解；其大要尤在和合既知界與未知界之全體，使其義平等，未知已知同一顯了而證明立論者之斷案也。

說之末句不能治之能，當與上句善治之善同義。荀子勸學篇，『假舟檝者，非能水也。』楊倞注，『能，善。』卽其證。

本條之說，以所然未然推斷古今治道進化之理，可以謂爲名墨歷史進化論。蓋世運演進，貌似往復之環(Cycle)，實則一螺旋形(Screw)耳，如圖甲。故既知過去之治，不及現在之善；卽可推知現在

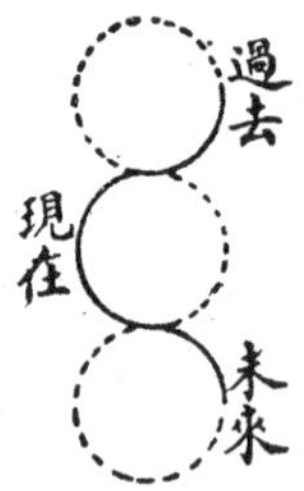

甲

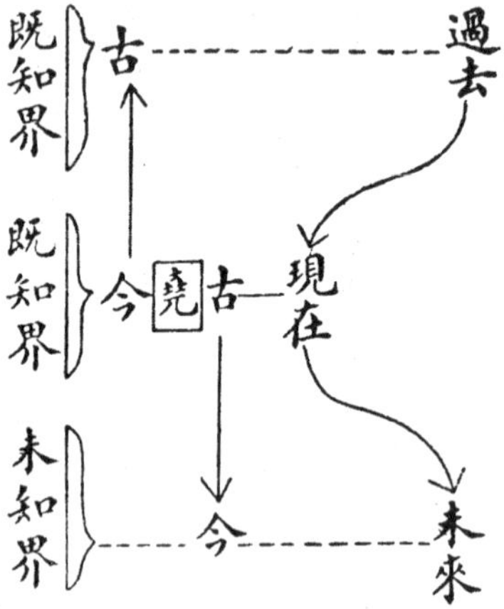

乙

之治，不及未來之善也。如圖乙：設堯爲現在，已前爲古，卽過去；自後爲今，卽未來。其過去現在皆旣知界，卽所然未來爲未知界。卽未然故以堯之現在而察堯之過去事屬旣知，可相校比，當知堯之善治；故曰堯善治，自今堯時在諸古也。又以堯之現在而察堯之未來，卽以堯之現在與過去之比，推斷堯之現在與未來之比，當知堯之不善治；故曰自古堯時在之今，則堯不能治也。

論語載孔子曰，『大哉堯之爲君也！巍巍乎唯天爲大，唯堯則之！蕩蕩乎民無能名焉！巍巍乎其有成功也，煥乎其有文章！』泰伯篇蓋深歎堯之善治，負絕千古，後世莫能及矣。本條似駁孔子之說；意謂治化改進，非卽以堯爲止境也。

印度因明古師曰，『如以現在比類過去，或以過去比類未來，名體比量。』瑜伽師地論卷十五蓋自今在古，自古在今，皆體比量之事也。

呂氏春秋長見篇云，『智所以相過，以其長見與短見也。今之於古也，猶古之於後世也；今之於後世，亦猶今之於古也。故審知今則可知古，知古則可知後。古今前後，一也。故聖人上知千歲，下知千歲也。』按此亦言比類推概之效如是。

本條之說，係以事實證明經文之理論。

16 經 景徙。說在改爲。

說 景○光至，景——亡，若在；盡，古息。

解　景，卽今影字正文。說本畢　說文日部段注，『後人名陽曰光；名光中之陰曰影。別製一字，異義異音，斯爲過矣。』顏氏家訓書證篇云『凡陰景者因光而生，故卽謂爲景。至晉世葛洪字苑傍始加彡，音於景反。』集韻，『影，物之陰影也。』爲，古讀如譌。方言，『譌，化也。』郭注，『譌，化，聲之轉也。』按譌通訛；故爾雅釋言，『訛，化也。』訛者吪之或體；故說文，『吪，動也。』然則此云改爲者，猶云改動譌變耳。

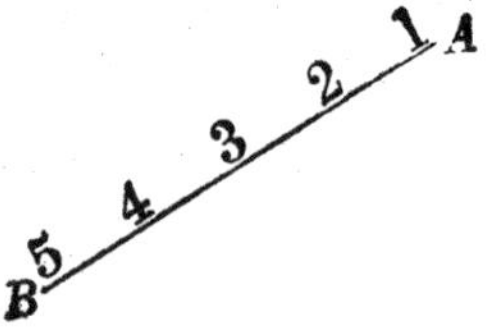

名家言影徙，以謂影由光照實物而遮蔽之所成。如A至B之一長影，中須經過1 2 3 4 5之五處。此五處影影相續，合成一片，了無際痕，便爲全影。蓋此實物前進之程途，以其經過1 2 3 4 5改動譌變之故；因而其影之徙，亦由1 2 3 4 5改動譌變故耳。但公孫龍輩反之，謂『影不移。』張湛注列子云，『景改而更生，非向之景。』然則龍輩但就影之靜止言耳。

本條說語景字，承上起下，故可讀作『光至景』及『景——亡，若在；盡，古息。』其後句猶云景亡，景盡；蓋景字下雙承之耳。

說文，『至，鳥飛從高下至地也。』則此光至之至，亦謂其光自此至彼而成影耳。故曰光至，景亡，同無。盡，猶言全部；經上第四十二條，『盡，莫不然也。』卽其義。古，姑之省文。禮記檀弓篇，『細人之愛人以姑息。』注，『姑，且也。息，休也。』此處正可借用其義。

此『光至景亡若在盡姑息』一語，係經文之譬辭；正猶莊子天下篇『飛鳥之景未嘗動也』句，乃以飛鳥作例耳。蓋經文之景，係言光下陰影，說語之景，當謂暗中光影。因光下陰影言徙，不易涉思；乃以暗中光影比況之也。茲更援例爲喻：小童常持香炷暗中旋轉；其炷端燃處，以旋轉勢速之故，若成無數赤圈。（佛書謂旋火輪）又今電影寫眞(Biograph or Cinematograph)，皆卽此理。蓋謂炷光自此至彼而成一影：炷所無處，視之光焰若在；宛見赤圈，實則節節且休也。如此著想，方不蹈空。

17 **經** 景二。說在重。

說 景◯二光夾一光：一光者景也。

解 此言由光成影之理。莊子齊物論篇，『罔兩問景。』郭象注，『罔兩，景外之微陰也。』釋文引崔譔本作『罔浪』，云『有無之狀。』文選幽通賦注引司馬彪云，『罔浪，景外重陰也。』蓋當光體（如燭焰）外射時，苟以物置前，其光線所不及之黑暗處，卽謂之景；今光學謂之本影(Umbra)。景外又有重陰，卽微陰，其狀若有若無，謂之罔兩；今謂之副影(Penumbra)。景與罔兩，卽本影與副影，故曰景二。然何緣而得二影？以重之故。故曰說在重。

二光夾一光句，係說明重字之理。二光一光，爲義各異，故

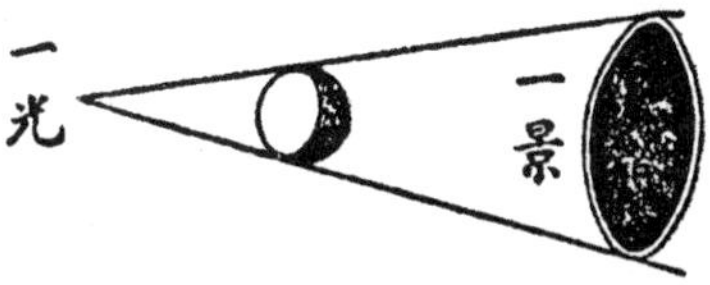

甲

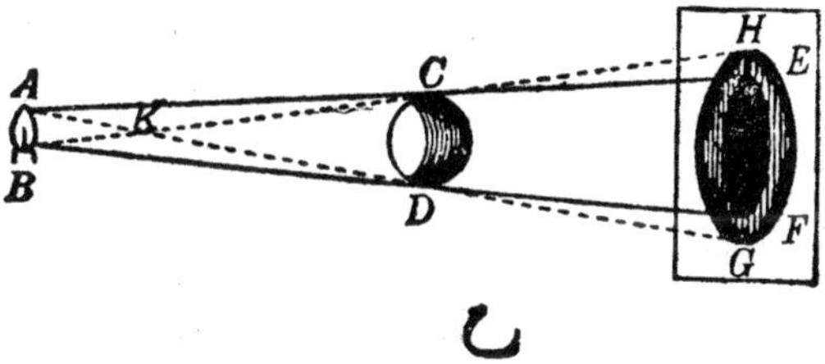

乙

又以一光者景也句簡別之。此如甲圖：以一光而得一景，故可簡別上句。又如乙圖：設ＡＢ爲一光體；ＣＤ爲一物，置前，則由ＡＢ所四射之光線，一方爲ＣＤ所閡；於是沿ＡＣＥ及ＢＤＦ，而成一ＥＦ之本影。復次Ａ點光線又沿ＡＤＧ，Ｂ點光線又沿ＢＣＨ，而成一ＨＧ之副影。此副影必須ＡＤＧ與ＢＣＨ二光線相會於Ｋ，而夾ＡＢ一光體方能得；故又以二光夾一光句說明之也。

18 **經** 景到，在午有端與景長。說在端。

說 景◯光之人照若射。下者之人也高；高者之人也下。足蔽下光，故成景於上；首蔽上光，故成景於下。在遠近有端與於光，故景庫內也。

解 景到，即今影倒字正文。(本舉說) 張惠言云『午交午也。』劉嶽雲云，『古者橫直交互謂之午，其形爲╳；╳者光線之交點。』孫詒讓云『此即光學所謂約行線，由侈而斂，交聚成點。端即點也。』又云『凡約行線中有物隔，(按當作中有隔孔) 則光線必交；交而過，則成倒景。在午有端與景長長謂線，對端爲點而言。謂凡光在交聚成點之時，則有礙於光線之行，故穿交而景到也。』按張劉孫三說，均於『景到在午有端』六字發揮明確；惟未盡『與景長』三字之義。茲更以圖明之。如下圖甲：設ＡＢ爲一光體，其ＡＢ間之各光線一一穿過隔屏午孔而射於右之照壁上，成ＣＤ之倒影，所謂『景到』也。ＡＢ二光線交午，必有一點。然既云『在午』又云『有端』者，蓋謂在交午之處，僅須一甚小之孔如點，決不可令其稍大；(即今攝影暗箱所謂針眼) 如圖甲與乙之午點是。又影之所以倒及影之所以大小，殆全由此點爲其主因；是以更出其故曰，『說在端。』反之，若屏孔過大，如圖丙：則孔周之光線，繁複散漫，而影卽模糊。苟置照壁於屏午之間，將映出孔形矣。與景長：與，當讀預；長，猶言長短。（言長而短自見）蓋影之大小，係於線之長短；若午點距光近，線短；距壁遠，線長；則影大：如圖甲。午點距光遠，線長；距壁近，線短；則影小：如圖乙也。

光之人光，卽光線。詩柏舟箋，『之，至也。』下二之字義同。照若射者：射用矢，故其本字從矢作䠶。射矢必直，詩小雅『其直如矢』是也。張云『高，猶上也。』景庫內經上第四十八條，『庫，易也。』易有明義，卽是。

說承經文推言光之直達(Rectilineal Propagation)反射(Reflection)及今照像(Photography)

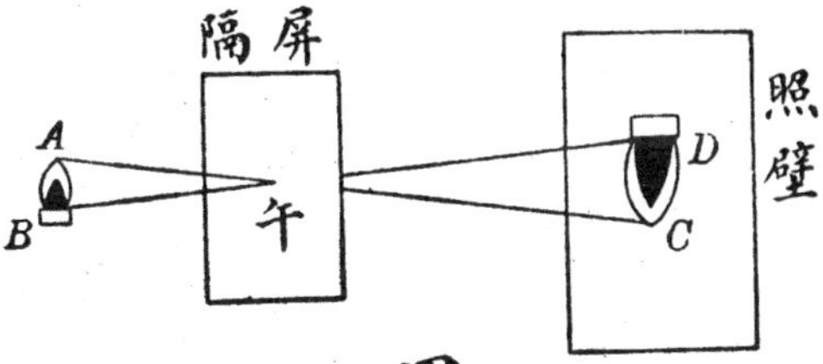

甲

乙

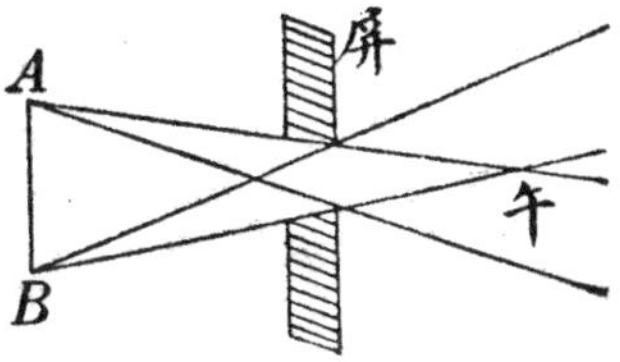

丙

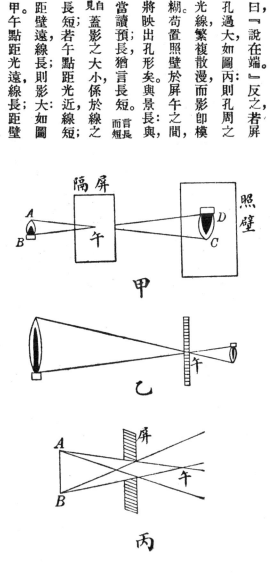

之理。茲分三段言之：

(一)光之直達　據今光學，光之傳布，恆依直線進行，故取譬飛矢直入，曰照若射。如上條圖乙：AB一光，被CD遮斷，而現本影EF於照壁上；即爲光線不能曲行之證。又如本條圖甲：A光線由午孔徑射於C，B光線由午孔徑射於D；若目在CD以內，必盡見AB之光，以光線直行故也。

(二)光之反射　日體極大，光線四布。如圖丁：有AB無數光線至人CD之間，盡行反射；其達午點者，一一入暗箱至EF之間，以成EF之倒像。蓋光線下至人反射於上，上至人反射於下；其CD午與EF午之兩三角形，皆屬光域；今僅以CE及DF二線表其外界而已。鄒伯奇云『密室小孔漏光，必成倒影。雲鳥東飛，其影西逝。』按即此所謂光之反射也。

(三)照像之理　足蔽下光故成景於上者：因日光至人，爲D足所遮蔽；故D光反射入午而達於F，即成人足F之影於上。首蔽上光故成景於下者：因日光至人，爲C首所遮蔽，故C光反射入午而達於E，即成人首E之影於下。首下足上，所謂景倒也。在遠

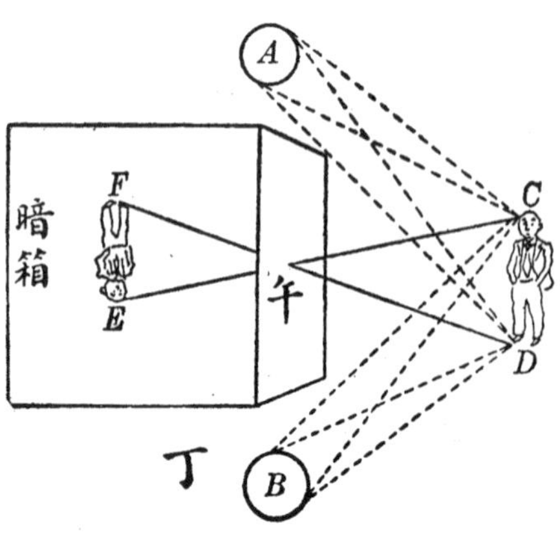

近有端與於光，與經文『與景長』句相應。蓋當照像時，其午端與CD距離之遠近，須參合於光之強弱，以進退其暗箱，庶能使影明晰；故曰景庫內也。

韓子外儲說左上云，『客有為周君畫筴者，三年而成；君觀之，與髹筴者同狀。周君大怒。畫筴者曰，「築十版之牆，鑿八尺之牖，而以日始出時加之其上而觀。」周君為之，望見其狀，盡成龍蛇禽獸車馬，萬物之狀備具。周君大悅。』按此亦今照像之術。所畫髹筴，或多針孔，望見之狀，疑別有畫圖張之也。其理致大氐與本條相似，兩相推勘，疑非虛文。

19 **經** 景迎日。說在轉。

說 景○日之光反燭人，則景在日與人之間。

解 孫詒讓云，『迎日，即回光反燭之義。』又釋轉字云，『謂鑑受日之光，轉以射人成景，亦即反燭之義也。』劉嶽雲云，『此釋回光之理。如人依鑑立，日射鑑上。若人與日之間有壁，其距鑑與日距鑑交角等，則人必成景於上。若其間無壁，則回光線成景極長，而射於無量遠空界中。凡海與沙漠恆見樓臺人物之象，即此理。然雖無量遠空界中，仍為景在人與日之間也。』按本條似專釋光線反射律(Law of Reflection)之理。今光學家論反射律云，『凡光線之反射，其射入角恆等於射出角；且二角必同在一平面內。』如圖甲：A為一平面鏡；

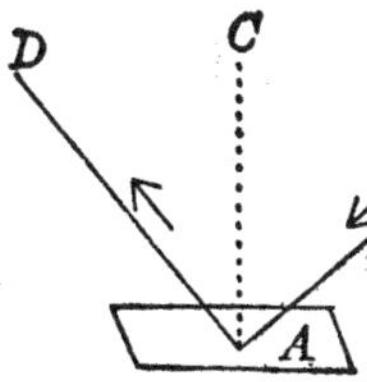

甲

若光線ＢＡ射於Ａ面，則卽反射如ＡＤ。設ＣＡ爲鏡面之垂線，則ＢＡＣ角謂之射入角，ＤＡＣ角謂之射出角。追經多次試驗知ＢＡＣ射入角，等於ＤＡＣ射出角，而二角同在Ａ平面上也。此如屋漏之光，若以平鏡承之，卽見其狀。但射入線如正射於平鏡面上，卽彼線爲平鏡之垂線；則此時之射出線，當循原徑退轉，於是而射入角與射出角俱等於零。故射入線稍斜，則射出線亦稍斜，而二角皆最小。蓋本條卽準此理，如圖乙：設Ｂ爲壁隙日光一點；Ａ爲平鏡。其光線ＢＡ射於Ａ面，則卽反射如ＡＥ。因Ａ鏡對於Ｂ光稍爲斜向，故ＣＡ爲Ａ面之垂線；而ＢＡＣ射入角，等於ＥＡＣ射出角，皆最小。今設一人立在Ｅ處，則Ｅ人受ＡＥ反光而成Ｄ影；其Ｄ影適在Ｂ日與Ｅ人之間。故曰景迎日，說在轉。

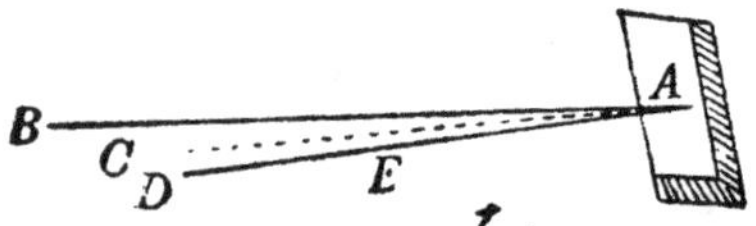

乙

20 經 景之小大，說在杝缶；遠近。

說 景○木正景短大木杝，景長小。火小於木，則景大於木；非獨小也。遠……近……。

解 孫詒讓云，『杝卽迤之叚字。杝缶文正相對。』按杝，當假爲迤；說文『迤，衺行也。』引申爲凡邪之稱；故畢沅謂『木杝猶言木斜』是也。殷家儁云，『木，卽謂立柱也。』按管子君臣上篇，『猶揭表而令之止也。』尹知章注，『揭，舉也。表，謂以木爲標有所告示也。』蓋立木爲表，用以告示於人；引申爲凡標準物之稱者謂之木耳。非獨小也句，係上二句之反辭，猶云『火大於木，則景小於木。』遠近二字，省文；若全敍出，當云『木遠，景長小；木近，景短大。』

本條論光之小大（Intensity of Light）。經云『景之小大』者；說文，『景，光也。』是也。此謂光之小大，可由杝正遠近二種試驗而得。今光學家以由杝正試驗者曰光度（Illuminating Power），卽謂光體發光強弱之度，可由標準物之邪正而得也。以由遠近試驗者曰照度（Illumination），卽謂物體受光濃淡之度，可由標準物之遠近而定也。玆先言——

（一）光度　光度者須視光線之射入角而異。如圖甲：n為光線，射於BC面上，而ED為BC面上之垂線；則nDE角，卽為n光線之射入角。

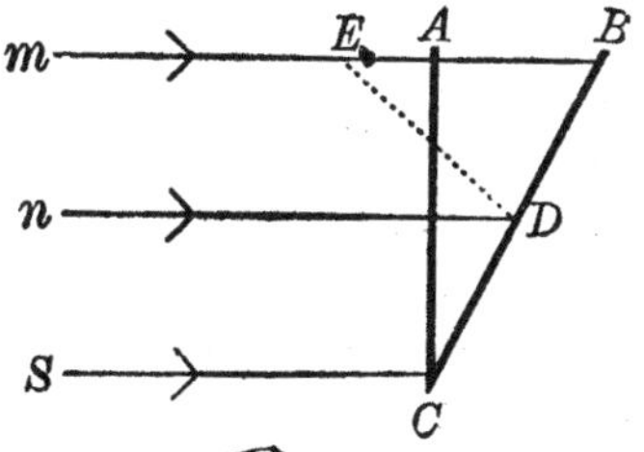

甲

今設AC及BC為異向之二面，AC與mnS等光線成正角，（卽九十度之角）而BC與mnS等成斜角；（卽非九十度角）則AC及BC面上，每一單位所受光之強弱如下式甲：

然凡mnS等光線，能射於AC面上者，卽能射於BC面上。故AC所受光之總量，等於BC所受光之總量，因此可以相消。故得如下式乙：

詳言之，卽BC面光度與AC面光度之比，視餘弦ACB角而異。然ACB角等於nDE射入角；故BC及AC二面光度之比，須視餘弦射入角以為差。但按三角理：ACB角愈大，餘弦ACB角愈小；則BC面之光度當愈小。蓋卽射入角愈大，則光度愈小；射入角愈小，則光度愈大。故射入角若小至於

甲

$$\text{AC面上光度}=\frac{\text{AC所受光之總量}}{\text{AC之面積}}$$

$$\text{BC面上光度}=\frac{\text{BC所受光之總量}}{\text{BC之面積}}$$

故——

$$\frac{\text{BC面上光度}}{\text{AC面上光度}}=\frac{\dfrac{\text{BC所受光之總量}}{\text{BC之面積}}}{\dfrac{\text{AC所受光之總量}}{\text{AC之面積}}}$$

$$=\frac{\text{BC所受光之總量}\times\text{AC之面積}}{\text{AC所受光之總量}\times\text{BC之面積}}$$

乙

$$\frac{\text{BC面之光度}}{\text{AC面之光度}}=\frac{\text{AC之面積}}{\text{BC之面積}}$$

照三角理——

$$\text{AC之面積}=$$

$$\text{BC之面積}\times\text{餘弦ACB角}$$

故——

$$\frac{\text{BC面光度}}{\text{AC面光度}}=$$

$$\frac{\text{BC之面積}\times\text{餘弦ACB角}}{\text{BC之面積}}$$

$$=\text{餘弦ACB角}$$

零，（卽AC面與n光線成正角是）其光度當爲最大。此外之斜面上，（如BC是）其光度概較爲小；且愈斜則愈小。由是可知，當AC標準（卽木）正時，n爲其垂線。據幾何理：垂線爲諸線中最短之線，所以AC面上之光度爲最大；故曰木正，景短大。次之，當BC標準柂時，n爲其斜線。此斜線自較AC之垂線爲長，所以BC面上之光度亦漸小；故曰木柂，景長小。

列子湯問篇云，『孔子東遊，見兩小兒辯鬬，問其故。一兒曰，「我以日始出時去人近，而日中時遠也。」一兒曰，「我以日初出遠，而日中時近也。」一兒曰，「日初出大如車蓋；及日中，則（讀財同纔）如盤盂。此不爲遠者小而近者大乎？」一兒曰，「日初出，滄滄涼涼；及其日中，如探湯。此不爲近者熱而遠者涼乎？」孔子不能決也。兩小兒笑曰，「孰爲（同謂）汝多知乎？」』然論衡說日篇釋之云，『二論各有所見；故是非曲直，未有所定。如實論之，日中近而日出入遠。何以驗之？以植竿於屋下。夫屋高三丈，竿於屋棟之下，正而樹之，上扣棟，下抵地；是以屋棟去地三丈。如旁邪倚之，則竿末旁跌，不得扣棟；是爲去地過三丈也。日中時，日正在天上；猶竿之正樹，去地三丈也。日出入，邪在天旁；猶竿之旁跌，去地過三丈也。夫如是，日中爲近，出入爲遠，可知明矣。日中去人近，故溫；日出入遠，故寒。然則日中時日小；其出入時大者：日中光明，故小；其出入時光暗，故大。猶晝日察火光小，夜察之火光大也。』按王充博物，故能言之中理。此因吾人所居地面，徑向太陽。其午日射來，已與地面成一垂線；故受光極大。迄旦暮時，陽光已斜，與地面成大射入角；故受光極小。且自旦至午漸熱，自午至暮漸涼，皆卽此理。

據上以觀，光度雖由射入角之大小以爲差，而光體所發之火與光，每有歧異。例如油火較燭火爲小，而油光較燭光爲大；又電火較油火爲小，而電光較油光爲大。如以一燭光爲測光大小之標準單位；(即木)則油電之火，雖小於標準燭之火；而油電之光，乃各大於標準燭之光若干倍矣。故曰火小於木，則景(即光)大於木。反之，若以一電光爲標準單位；則油燭二火雖較電火爲大；而油燭二光乃皆小於電光若干倍。故曰非獨小也，猶云火大於木，則光小於木矣。今光學家即準上理製有光度表(Photometer)，以驗各光之大小，茲不錄。

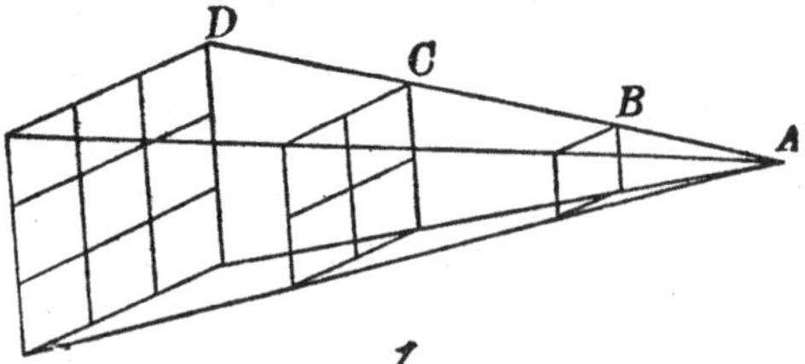

乙

(二)照度　照度者即光體距離上某單位面積所受光量之謂也。如圖乙：取BCD三方片。B每邊長二寸；C四寸；D六寸。則此三方片面積之比例爲一與四與九之比：即B面積爲一單位；C面積爲四單位；D面積爲九單位。今以一光體A置D前；嗣以C隔DA之間，至D面之光適被C全蔽爲止。又以B隔CA之間，亦至C面之光適被B全蔽爲止。由是可測知BCD三方片與光體距離之比例爲一與二與三之比。蓋每前片既適將其後片全蔽，則每片面所受光之多少，自必相同。然以同一多少之光：B片則以一單位受之；C片則以四單位受之；D片則以九單位受之。(因一四九即方片面積單位之比例)故C片每一單位上所受之光，較B片之一單位爲小四倍；而D片每一單位上所受之光，較B片之一單位爲小九倍。是BCD三片每一單位上所受光量漸小之比例爲一與四與九之比，亦卽爲彼三片與光體距離比例各數（卽一與二與三之比）之平方。可知方片離光體愈遠，則每單位所受之光愈少；其所少之數，卽等於其與光體距離之平方。故離光體遠二倍，則每單位所受之光少四倍；四卽二之平方也。離光體遠三倍，則每單位所受之光少九倍；九卽三之平方也。以此類推，可得一定律曰，『凡光度與離光體遠近之平方成反比例。』蓋卽D片（卽木）遠，則A光之射線長，而D面所受之光淡；（卽小）故曰木遠，景長小。B片近，則A光之射線短，而B面所受之光濃；（卽大）故曰木近，景短大。

21 **經** 臨鑑而立，景到；多而若少，說在寡區。

說 臨○正鑒，景寡。貌能，白黑，遠近，杝正，異於光。鑒當，景俱；就去，亦當俱，俱用北。鑒者之臬於鑒，無所不鑒。景之臬無數，而必過正。故同處，其體俱然，鑒分。

解 禮檀弓疏，『以尊適卑曰臨。』按此臨字，猶云自上俯下也。周禮秋官司烜氏注云，『鑒，鏡屬。』景到，見前。但此景當爲像。篇海，『景，像也。』卽是。張惠言云，『若，如也。』區，卽面，見上經第六十三條。正鑒，卽今之平面鏡（Plane Mirror），省曰平鏡。景寡，猶云單像，與經文寡區訓少者有別。釋名，『寡，倮也；倮然單獨也。』卽是。張云，『能，態字。』孫詒讓云，『備城門篇，態作能，此又能之省。』異，冀之省文。冀於光者，謂像之差別，望光而生也。當者，相値之義。（說文，『當，田相値也。』）鑒當者，二鏡交置也。俱者，相合之義。景俱者，二像同聚也。就去，言二鏡面就而近之，或離而去之也。用，以也。北，背之省文。按說文，『北，乖也；從二人相背。』吳語韋昭注，『北，古之背字。』然則北爲背之本字。說文，『臬，射的。』徐曰，『射之高下準的。』按即其義。正者正鑒之正。過正，猶云小於平角。故者舊也。其體，猶云各分像也。

本條論平鏡成像及重複反射(Multiple Reflection)之理。吾人日常所用以對照者，多係平鏡；其像

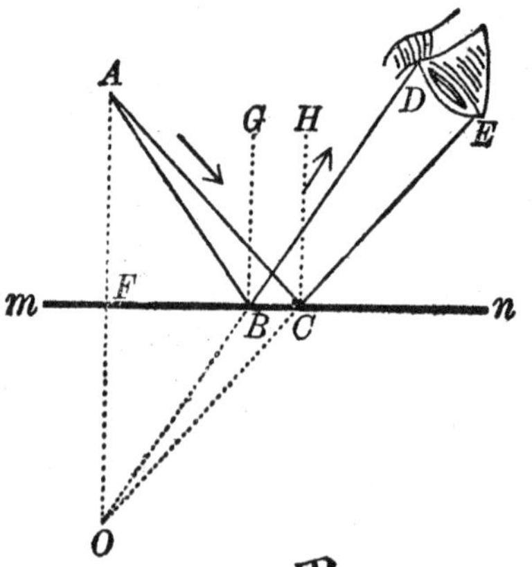

甲

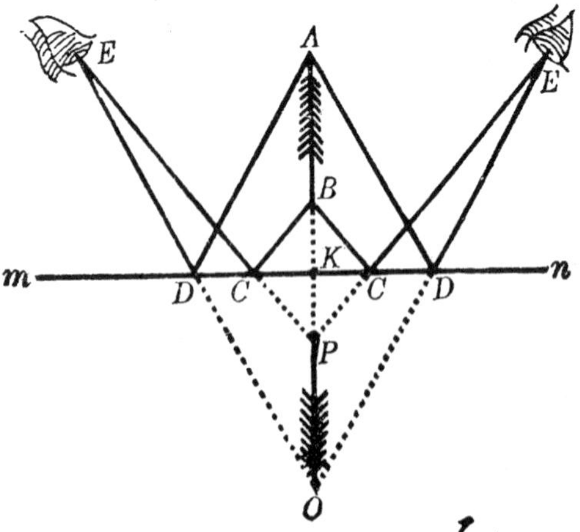

乙

之成，即由鏡面反射所致。故物若爲一點，則像亦爲一點。如圖甲：設mn爲一平鏡，A爲臨鏡之一點。光線AB射至平鏡時，即依反射律而反射至D；又別線AC亦反射至E：皆入於眼。今延長DB及EC

於鏡後，皆相會於O點。可知凡自A所發出之各光線一一反射後，其延長線總合於O。茲連AO二點，成AFO線。則按幾何理：AF與OF同長而AFO線爲mn之垂線。由是，若推測平鏡中物體之像：只須由物點如A，垂一直線於鏡面如AF，而後引長之，使OF等於AF；則O點卽爲A點之像。若物體爲多點所成，亦可照法求之；連合諸點，卽得其物之全像。如圖乙：設mn爲一平鏡；AB爲臨鏡之一物。若欲得AB之像，可由A點作一AK垂線，繼將AK引長，使OK等於AK；則O點卽爲A點之像。同法：由B點作一BK垂線，引長，使PK等於BK；則P點卽爲B點之像。此外AB間各點，亦可用同法得其像點。於是聚合諸像點而成OP，卽爲AB之像。故若人眼在鏡外E處；則AB物體之反射光線CE及DE入於眼中，祇覺光線一若由OP像而來者。凡此所成，皆爲虛像（Virtual Image）。由是可知，凡臨正鑒而立之物體如AB，其所成之像必倒如OP。故曰臨鑑而立，景到。又正鑑若爲極平之面，則僅有一像；而像之貌態白黑遠近斜正等之差別，皆望光而生，與物毫髮不爽。故曰正鑒，景寡；貌態白黑遠近杝正，冀於光。

以上皆就一平鏡成像言也。若以二平鏡交置成一正角，則當得三像。如下圖丙：設AB與AC二鏡相交，而BAC角爲正角；D爲物體；人目在H。則於AB鏡內見E像；AC鏡內見F像。又E復反射於AC鏡中，見G像；F復反射於AB鏡中亦見G像。故此成像凡三，卽EFG是也。至諸像之方位，可按以上平鏡求像法而得。其光線入目之路，亦可按圖知之。若二鏡之交角漸小於九十度，卽小於正角則所成之像亦漸多。如圖丁：設AB與AC二平鏡相交之角爲四十五度；D爲物體；人目在E。其成像次序：先於AB鏡內見(1)像；次(1)像復反射於AC鏡內見(2)像：此(2)像更反射於AB鏡內見(3)像；此(3)像更反射於AC鏡內見(4)像。自此不能再反射者，以像之位置，恰在鏡背之

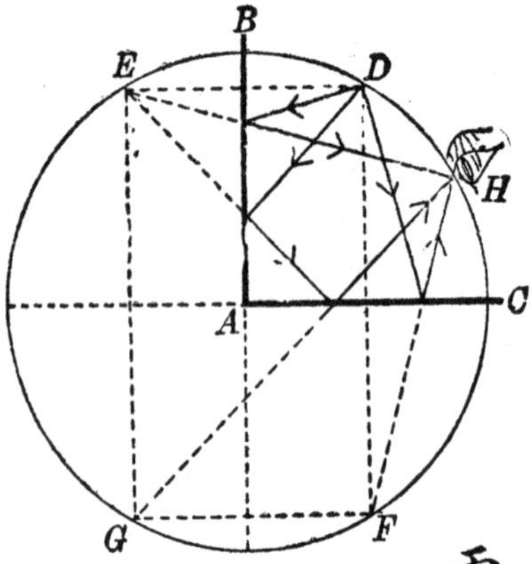

丙

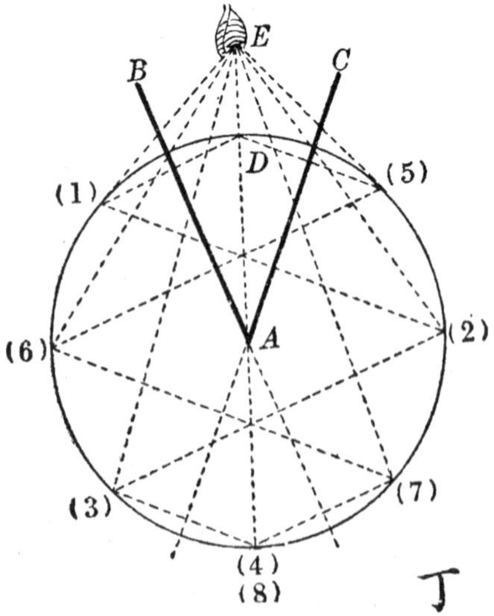

丁

方向故也。又D物之反射於AC鏡中者，先見(5)像；次展轉反射，成(6)(7)(8)各像。但(8)像重在(4)像上；故其像數惟七。由是可知凡二平鏡成角所得像數，等於以其角度除三百六十度之數減一。譬如二鏡之角小至十二度時，則應共得二十九像也。

據右以觀，正鑑爲一平面，其角度爲最大；（準幾何理，角之兩邊在一直線上者，謂之平角。）故祇成一單像。所以角度愈大，成像愈少；角度愈小，成像愈多。故曰多而若少。此何以故？蓋成像多者，以其角度之區面寡少，反射重複故也。故曰說在寡區。

凡二鑒相交成正角時，其間必有二像俱於一處，如圖丙之G。故曰鑒當景俱。又二鑒之當，或相就，（即漸小於正角）或相去，（即漸大於正角）其中有二像之俱亦同，如圖丁之（4）（8）。故曰就去亦當俱。至二鑒相就所成俱像後之餘像，必爲鑒背所遮；而相去時所成之俱像，幾乎不可得見，蓋亦爲鑒背所蔽也。（設如圖丙AB鏡向左斜置，約與AC鏡成百十五度之鈍角時，其物體D須置於AC鏡之面上右端，人目須高懸於AB鏡之上端，方能得見AB鏡內之映像及俱像。）故曰俱用北。

人目注視線於像，猶射之有臬也。所以二鑒之間高下任取一點，皆可爲見像之臬。故曰鑒者之臬於鑒，無所不鑒。夫像之臬既無數，而其像應亦無數。但欲像之無數，自必二鑒過正方可。蓋過正之云，必依二鏡舊所同處而小於平角，決不可背置而大於平角也。故曰景之臬無數而必過正，故同處。

二鏡由同處平角逐漸減小，即成若干分像，而中有一分像必俱。然所俱者非鏡外實物之像，乃由二鏡內之虛像分向反射而成也。故曰其體俱，然鑒分。

莊子天下篇「今日適越而昔來」句下釋文有云，「鑒以鑒影，而鑒亦有影。兩鑒相鑒，則重影無窮。」正論二鏡重複反射之理。疑惠施「歷物之意」原有論「鑒景」一條，今本正文譌挩，注遂竄入此耳。（別詳莊子天下篇校釋）然此注不知屬諸誰氏，妙理能解，料當有所受之。又淮南萬畢術（據葉郎園先生輯本）云，「高懸大鏡，坐見四鄰。』注曰，『取大鏡高懸，置水盆於其下，則見四鄰矣。』按大鏡與盆水相對，水性內景，宛若二鏡，能成重複反射，故見四鄰。淮南萬畢，或即遠承墨惠也。不佞初捘西學，抽繹本經光學各條，頗疑其無此精密；及得莊子釋文與萬畢二證，始知輕於疑議之非矣。民國九年重九日識

22 **經** 鑑低，景一小而易，一大而缶。說在中之外內。

說 鑒○中之內鑒者──遠中，則所鑒大，景亦大；近中，則所鑒小，景亦小：而必正。起於中緣正而長其直也。中之外鑒者──近中，則所鑒大，景亦大；遠中，則所鑒小，景亦小：而必易。合於中緣正而長其直也。

解 低下曰凹，故鑑低即今凹面鏡（Concave Mirror），省曰凹鏡。楊葆彝云，『易，變也；正之反也。』按楊說是。正之反者，則易有倒義。荀子解蔽篇『心……小物引之，則其正外易，其心內傾。』正易亦相對言之，而易傾皆即倒轉之義也。中之外內之『中，』殆兼凹鏡之弧心（Center of Curvature）與焦點（Focus）言；蓋弧心即圜之中，焦點又常在弧心與鏡心（Vertex of Spherical Mirror）之中也。故說云中之外，即謂弧心之外，以下三中字同。又中之內，即謂焦點之內，以下三中字亦同。鑒者，即能照之物，在此為光體，（次條亦謂之刑）如燭類是。所鑒大或小，與下景大小字異義；蓋此謂所照之光有強弱也。中緣正之正，即正軸（Principal Axis）。緣正，猶言平行於正軸之光線，直與值通，相遇也；在此即指共軛點（Conjugate Foci）言。

本條論凹鏡成像之理。據經文，凹鏡成像有二：(一)光體在弧心之外，成像小而倒；(二)光體在焦點之內，成像大而正。說反言之，先內後外；茲仍經文以次論之。

取凹鏡，燭光，紙屏，各一於此。燭光置凹鏡前，以紙屏置其間，左右移動，至得有明瞭之燭像爲止。其結果如左：

(一)燭光置弧心以外：其所成之像，在弧心與焦點之間，倒而實，較燭光小。所謂景一小而易，說在中之外也。

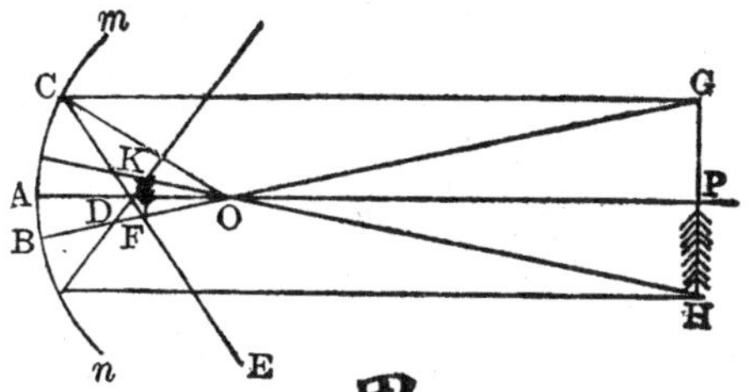

甲

如圖甲：設mn爲凹鏡：A爲鏡心；O爲弧心；D爲焦點；GH爲燭光。茲取燭光之G點，其GB爲副軸光線，卽循BG反射。GC係與正軸(卽OPA)平行之光線；至鏡面時，反射如CE。(出入射角相等)此二反射線交於F，則F卽G之共軛點，獨爲明亮；故成G點之像。乃再將燭上他點依法求出，並連接之。此時若將紙屏置OD之間而偏近於D，當成倒而小之實像如FK。此因GH離弧心遠，其所照之光弱，故所得之倒像極小。故說曰，中之外，鑒者遠中；則所鑒小，景亦小，而必易也。若如下圖乙：燭光GH移近弧心O；亦須將紙屏逐漸移近弧心，始得明亮之像。蓋所照之光漸強，而像始得逐漸增大；然仍小於燭光而必倒立。故曰，中之外，鑒者近中；則所鑒大，景亦大，而必易也。由此類推，若燭光合在弧心處；則所成之像亦合於弧心，大與燭光等，仍倒立如前。此如圖丙：因GH合在O處；則平行正軸O(即A)之光線GC，反射如CF。F即共軛點，(即CF與GE相交所成)因成G點之像。但此F較甲乙二圖之F，實爲極長之共軛點；故所成之像亦爲極大，與燭光相等。故曰合於中緣正而長其直也。

反之，若燭光置在弧心與焦點之間，如甲乙二圖，以FK爲燭；則所成之像必爲GH，較FK大，亦倒立。此不具論。

(二)燭光置焦點以內：其所成之像，在鏡後，正而虛，較燭光大。所謂景一大而正，說在中之內也。

如圖丁：燭光GH遠於焦點D，即近於鏡面；則所照之光漸強，而像亦漸大。若GH近於焦點，即遠於鏡面；則所照之光漸弱，而像亦漸小。然仍大於燭光而必正立。故曰，中之內鑒者——遠中，則所鑒大，景亦

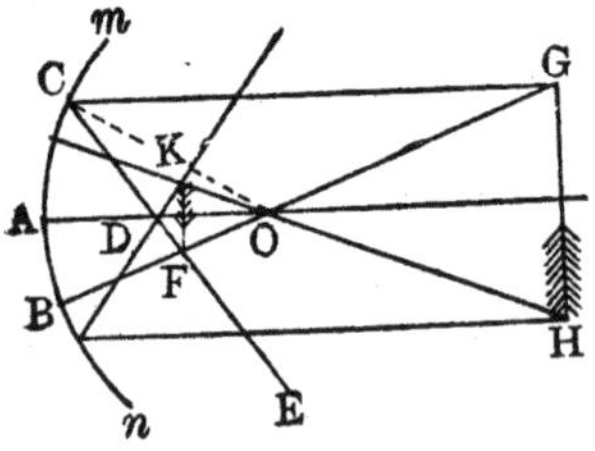

乙

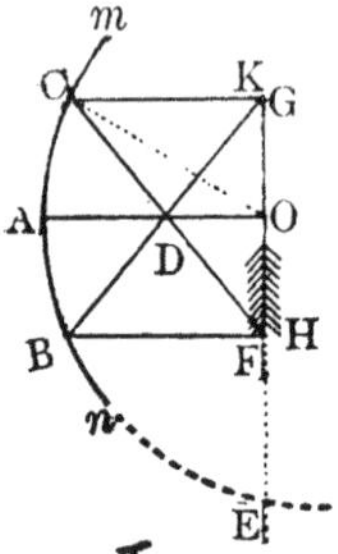

丙

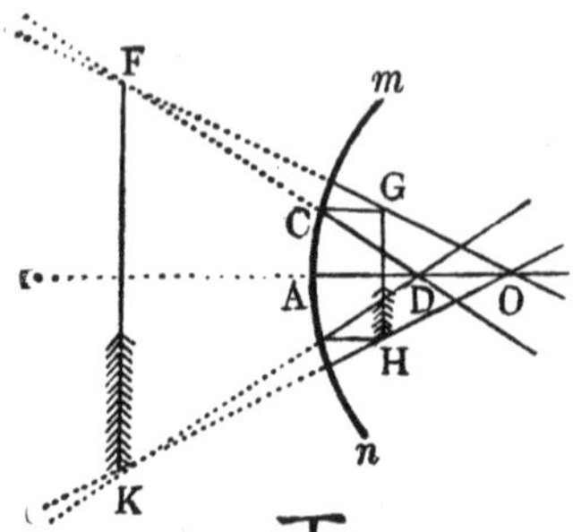

丁

大；近中，則所鑒小，景亦小而必正也。然燭光若置焦點處，則無像可成。蓋焦點乃平行光線反射後相交之點；燭光若在其處，則反射各光線必皆平行，故不能成像。所以燭光距焦點最近，卽幾起於焦點；則平行正軸之光線GC反射後引長所得之共軛點，當爲最長，因而像與鏡面之距離亦最大。故曰起於中緣正而長其直也。

23 **經** 鑑團，景一。說在刑之大。

說 鑒○鑒者近，則所鑒大，景亦大；亣遠，所鑒小，景亦小：而必正。景過正，故招。

解 團如毬丸之摶係突出者，（可參閱下文第六十二條）故鑑團卽凸面鏡（Convex Mirror），省曰凸鏡。刑字與形通用，卽形物在此爲光體，亦如燭類也。招，疑假爲柖。說文『柖，樹搖皃』。然亦卽用招字；漢書禮樂志注，『招搖，中動之貌』是也。

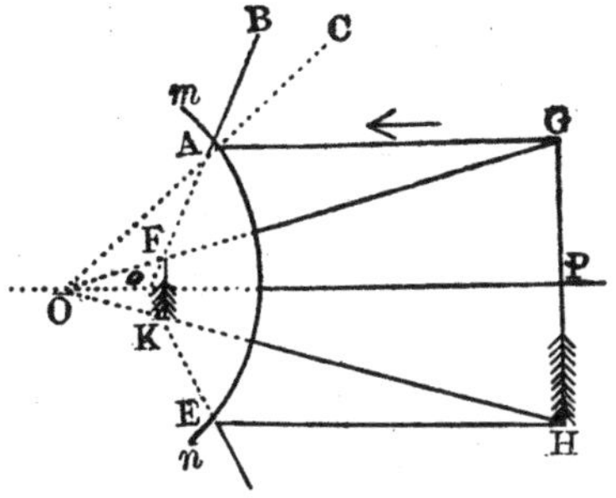

本條論凸鏡成像之理。據經文，凸鏡所成之像惟一，但較形物爲小；卽燭光任置鏡前何處，皆較所成之像爲大也。故曰刑之大。

如圖：設mn爲凸鏡；O爲弧心；GH爲燭光。（卽刑）照前法，得所成小而正之假像如FK。但小像又有大小之分：蓋GH（卽鑒者）苟移近於鏡，則所照之光漸強，而所成FK之像乃大；苟移遠，則所照之光漸弱，而像乃小。此像無論大小，皆必正立。惟燭光離鏡，亦不可失之太遠。若GH在極遠處，卽

FK稍過正軸，亦覺其像之招搖無定焉。

24 **經** 負而不撓，說在勝。

說 負◯衡木加重焉而不撓，極勝重也。右校交繩。無加焉而撓，極不勝重也。

解 釋名『負，背也。』廣韻『負，荷也。』孫詒讓云『說文「橈，曲木也。」撓卽橈之俗。』又於說『而不撓』下云『言平而不偏撓。』按皆是也。勝，當讀勝任之勝。衡者平衡(Equilibrium)之義。極應據洪範疏訓爲中。說文訓爲棟，徐謂屋脊之棟；屋脊亦在中也。然則極勝重者，似卽今力學所謂重心(Center of gravity)。蓋謂凡物全體之重，一若可以聚於一點者；此點謂之重心。如小童伸一食指撐毬之底，舉諸空中以爲戲樂，得重心也。說文繫傳云，『校，連木也。』按連木，猶云木相支柱。然則右校交繩者，亦旁支互絏之義耳。

本條論物體重心之理。設有一物於此，施以負荷之力而不致偏橈者，爲其勝重故也。夫勝重云者，得其重心焉耳。故曰負而不撓，說在勝。

衡木與右校交繩，皆譬詞。

譬如平衡之木，以其所重加諸一力而不橈敗者，其重心能勝之也。若夫旁支互絏，雖不加而亦橈；失其重心，故不勝耳。

25 **經** 臾而必舌。說在得。

說衡○加重於其一旁，必捶。權，重，相若也相衡；則本短標長。兩加焉，重相若；則標必下：——標得權也。

解 月令鄭玄注，『稱上曰衡；稱錘曰權。』漢書律歷志，『權與物鈞而生衡。』韓子飾邪篇，『衡執正而無事輕重從而載焉。』劉子新論明權篇，『衡者測邪正之形，權者揆輕重之勢。量有輕重，則形之於衡。今加一環於衡左則右蹶，加之於右則左蹶；唯莫之動，則平正矣。』總覩諸義，故此曰衡而必正，得卽說『標得權』之義。

一旁，猶言一邊。捶，垂之繁文。唐韻，『垂，自上縋下。』按引申之，可爲凡下之稱。故張惠言云『捶偏下也。』標，原訓『木末，』引申之亦爲凡末之言耳。

本條論槓桿（Lever）之理。槓桿共分三點：（一）支點（Fulcrum）；（二）重點（Weight）；（三）力點（Power）。家常日用之天秤及稱，皆卽槓桿之類。秤之中柱爲支點，其二臂等長；一端盤中法碼爲力點；他端盤中之物爲重點。若加物於其重點一邊，其盤必下。故曰加重於其一旁，必捶。稱之支點在提挈處，其錘（卽權）爲力點；物（卽重）爲重點。其二臂一大一小；大者爲本，小者爲標。（管子霸言篇，『大本而小標。』）苟力點與重點相等而成平衡；則重點在本臂而短，力點在標臂而長。故曰權重相若也相衡，則本短標長。又上文謂加物於重點一邊者，其本臂固下，而標臂亦必上。今兩臂皆加，而求力點與重點相若，又須下其標臂而後可。故曰兩加焉，重相若，則標必下。然標若令下，亦必移權於標，延長力點，方能得之。故曰標得權也。

26

經　挈與收板。說在薄。

說　挈○挈，有力也；引，無力也。不必所挈之止於施也；繩制之也，若以錐刺之。挈長重者下；短輕者上。上者愈得；下者愈亡。下者繩直，權重相若則正矣。收上者愈喪；下者愈得。上者權重盡則遂。

解　孫詒讓云『說文「挈，縣持也。」挈與提義同。板，疑當作仮。仮，反同；謂挈與收二力相反也。』按板，反之繁文。(王闓運云『板，卽反』。)薄，猶言迫也。易說卦傳，『雷風相薄』；左僖二十四年傳，『薄而觀之』：皆卽其義。

說謂挈，上者愈得，下者愈亡；收，上者愈喪，下者愈得：故曰挈與收反。然何以反？以其爲力所迫故耳。故曰說在薄。

說言挈略分三種：(一)挈與引。張惠言云，『挈，自上挈之；引，自下引之。』按自字當作向。今物理學謂宇宙物體之間，不論其距離遠近，皆有互相吸引之力，名曰萬有引力（Universal Gravitation），亦曰吸力；如地球引物下墜，其顯著也。故凡人力(或他力)與物體相接所生之作用，謂之接觸效力；若其力用於相隔之物體間，人目視之髣髴無作用之媒介者，名曰間隔效力。此挈力，接觸效力也；引力，間隔效力也。蓋挈力由人；引力由物。挈物使上，可從形得，故曰有力；引物令下，(或使之近)似由虛生，故曰無力。(二)挈與掣，刺。今且先言所挈及施。蓋所挈，猶云所挈之功（Work）；施，卽直接之施力（Effort）。莊子天地篇『有械於此，用力甚寡而見功多。』韓子難二篇亦云，『舟車機械之利，用力少，致功大。』皆謂施力於一器，又能於其處輾轉發生他力而獲多功者卽謂之機械（Machine）。故曰不必所挈之止於施也；抑有繩與錐焉。繩制之者：制，掣之省文。爾雅釋訓『掣，曳也。』玉篇『掣，同瘳，牽也。』說文『引縱曰瘳；从手，瘛省聲。』但制掣古亦通用；釋名釋車云，『紲，制也；牽制之也。』卽其證。據今機械學，如輪軸（Wheel and Axle）滑車（Pulleys）之類，皆須資繩以爲運轉之器是也。若以錐剌之者：若猶或也。見王氏釋詞 說文『錐，銳器也。』此亦機械學之尖劈（Wedge），常用以刺入木隙而破之者耳。(三)挈與收，此仍引『衡』爲例：長臂重則下，短臂輕則上。蓋謂衡不得其平，則臂之一上一下，其輕重之差數必等；故上者愈得而下者亦愈失也。亡卽喪失 苟將下者挈而向上，使之繩直，卽繩之於衡成爲垂直 則權重二者相若而正矣。反之，設以短臂之上者收而向下，則上者愈失，而下者亦愈得；由是權重懸殊而上者墜矣。孫云，『遂隊通。』

27 經挈……………………說在……………。

說挈◯兩輪高兩輪爲輲車。梯也：重其前，弦其前。載：弦其前，載弦其軲，而縣重於其前。是梯，挈且掣則行。凡重：上弗挈；下弗收；旁弗劫：則下直。扡，或害之也。汖梯者不得汖直也。重不下，無跨也。若夫繩之引軲也，是猶自舟中引橫也。

解 本條論輲車之用。考工記，『凡察車之道，必自載於地者始也；是故察車自輪始。』故此先言輪與輲；後言梯與載。兩輪高兩輪者：漢書貨殖傳，『牛車千兩。』顏師古曰，『謂之兩者，言其轅輪兩兩而耦。』

按此重言兩輪，卽與同意。單言高者，言高可以見卑，卽孫詒讓所謂『四輪高卑不同，車成梯形』者是也。禮雜記，『載以輲車。』鄭玄注，『輲，讀爲輇。』說文繫傳『輇藩車下庳輪也。』桂馥云，『五經文字，「輇蜃車下庳輪也。」案地官「蜃車，人輓之以行。」凡輓車皆用輇；春官，「輦車組輓。」注，「爲輇輪，人輓之以行。」旣夕記注，「其車之轝，狀如牀，中央有轅，前後出，設前後輅。轝上有四周，下則前後有軸，以輇爲輪。」按前後有軸，則四輇矣；東京賦所謂重輪也。今大河南北有無轅車，四輪，其輪無輻而庳。柩車有後轅後輅，是有人推之。雜記注，「輇崇，蓋半乘車之輪。」正義云，「考工記，乘車之輪六尺有六寸。今云半之，得三尺有三寸也。」』按說文『輪有輻曰輪，無輻曰輇。』段玉裁引戴先生曰，『輇者輪之名；輲者車之名。』茲綜上說及本條以觀，知輲爲四輪車之名；其輪爲無輻之輇，而前輇較庳也。『梯也』者，言輲車爲梯之用也。備梯篇云，『雲梯者重器也，其動移甚難。』通典兵門云，『以大木爲牀，下置六輪，上立雙牙。牙有檢梯，節長丈二尺，有四桄。桄相去有三尺，勢微曲，遞互相檢。飛於雲間，以窺城中。』若據孫氏間詁所引史記集解引服虔說，以軒車爲雲梯，則其制似卽本於輲車。蓋此言重其前者：前輇卑而後輇高，卽後端昂而前端下；恐易傾仄，故制以重心在前，縱登者高集後端，亦無他虞矣。弦其前者：釋名釋天云，『弦，月半之名也。其形，一旁曲，一旁直，若張弓施弦也。』據此，則車之前端卑下，乃成張弓施弦之曲形也。載弦其前者：言輲車用以載物，亦須令前端形曲。雜記注，『輲，或作摶。』喪大記，『士葬用團（原誤爲國）車。』然則前端形曲，始有團車之稱也。載弦其軲者：此載字當假爲再。呂氏春秋制樂篇，『北面載拜。』淮南道應篇，新序雜事篇，論衡變虛篇，並作再拜。詩小戎，『載寢載興。』文選曹植應詔詩注引並作再。是二字古通。王闓運云『玉篇，「軲，車也，」卽胡；胡車前侯謂之胡。』孫云，『軲爲前胡之叚字。周禮大行人，「侯伯立當前侯。」注鄭司農云，「前侯，駟馬車轅前胡下垂拄地者：」是也。胡在車前，與此上文正合。』按王孫說皆是。詩豳風，『狼跋其胡。』說文，『胡，牛顄垂也。』因牛狼領垂者曰胡，引申爲凡下垂在前者之稱。則此所謂軲，正與鄭司農之說合；知軲卽爲駟馬車轅前胡下垂拄地者之專名矣。蓋轞車用以載物，既弦其前，再須弦其軲也。而縣重於其前者：說文，『縣，繫也。』釋名釋州國云，『縣，懸也；懸係於郡也。』蓋載車之制，略與梯車不同。梯車祇利以升高；因高在後端，故須重其前端。此載車專以載物，必非梯形；其前端既非重心所在，故須將重物懸係於前，方可運行而不傾側也。

是梯至無跨也各句，專承上文梯車言。挈且掣則行者：史記仿宋王本劉敬傳，『婁敬脫輓輅。』索隱曰，『輓者牽也。輅者鹿車前橫木，二人前輓，一人後推之。』蓋梯車以後端兩高輪爲支點；其轅前後出皆設輅，人手自後按推之，卽力點藉以起車前之重；卽重點，所謂挈也。復有人在前輓之，則車行矣。凡重至拕或害之也各句，蓋廣言之。旁弗劫者：說文，『劫，人欲去以力脅止曰劫；或曰，「以力去曰劫；」从力去。』則下直者：張惠言云，『其著於下也必直。』孫云，『案直與正義同。』拕或害之也者：張云，『拕與拖同，不直也；或害之，乃不直。』孫云，『言重物不挈之收之劫之，則下必正；其不正者，必或挈或收或劫害之也。』汻梯者不得汻直也者：玉篇，『汻，古文流字。』按流字無義，疑假爲疏。禮玉藻注，『疏之言麤也。』則疏梯者，猶云不精於梯事之人。汗，張云，『當作下。』按下之繁文。此蓋謂疏於梯事之人，或害於挈收劫三者之不當，致梯不得著下而正也。重不下無踦也者：踦，或假爲徬。說文，『徬，近也。』正韻，『徬，倚也。』蓋梯車必重其前，而前端卑下，故重必下而後升梯者始有所傍倚；反之若重不下，則無所傍倚矣。

若夫繩之引軲也二句，專承上文之載車弦其軲言。孫云，『說文，「橫，闌木也。」此蓋以爲舟前橫木之名。廣雅釋水云「艗謂之杭。」集韻十一唐云「杭，舟前木也。」一切經音義云，「杭，古文橫同。」是二字音近字通。』按孫說是。此蓋謂車之前軲，正如舟之橫木，皆可以繩引之行也；故用爲譬。

28 經 倚者不可正。說在剃。

說 倚，○倍，拒，掔，射，倚焉則不正。

解 倚者偏側之詞；禮問喪，『居于倚廬』是也。說苑建本篇，『夫本不正者末必倚。』故曰倚者不可正。剃，弟之繁文。爾雅釋詁，『弟，易也。』說文髟部，『鬄，鬀髮也。易聲。（據大徐本）鬀，鬄髮也。弟聲。』又鬄，亦從易聲；或從『也聲』作髢。而鬄與鬀古通用；漢書司馬遷傳，『鬄毛髮』文選作剔，剔卽鬀之省文。又集韻髢鬄鬀並讀『他計切，』則『也易弟』三字亦音近義通也。考說文辵部，『迆，衺行也。』引申爲凡邪之稱。由是知剃字從弟，亦具偏邪之義。蓋所謂倚者不可正，殆以偏邪故耳。

孫詒讓云，『掔與牽通。言相依倚，相倍負，相櫓拒，相掔引。』按句首倚字爲標題，當讀倍拒掔射。射者，張弓射物，身必偏倚，正與孫釋義同：故此特舉四者以譬於倚也。

倚焉則不正句，於論式六物爲『援』。

此似釋機械學斜面(Inclined Plane)之理。蓋謂偏倚與倍拒擧射，皆係移其重心以增長其施力者也。

29 **經** 堆之必柱。說在廢材。

說 堆○垪石，絫石，耳夾帬者：堆也。今也廢石於平地，方石去地尺，關石於其下，縣絲於其上，使適至方石，不下，柱也。膠絲去石，挈也。絲絕，引也。未變而石易，收也。

解 本條似論建築(Building)之術。集韻，『堆，聚土也。』按此堆，猶今言砌。說文，『柱，楹也。』段玉裁注，『柱之言主也，屋之主也，引伸爲支柱。』按據說語，此柱應非指楹言；似謂牆壁下之石基；蓋石基亦屋之主也。屋必石基立而後牆壁得以支柱；故曰堆之必柱。廢材者：莊子徐無鬼篇釋文，『廢，置也。』材者，據說『廢石於平地』則就石言耳。周禮太宰職以石爲八材之一。尙書大傳，『大夫有石材。』鄭玄注，『石材，柱下質也。』按質，卽礩；今曰磉，古曰榰。說文，『榰，柱砥也。古用木，今以石。』蓋榰礩古今字，故有从木从石之異。石取其堅，柱礩用之；屋基亦用之；故曰說在廢材。

畢沅云，『垪，拼字異文。』按垪，拼之繁文。絫，厽之繁文。說文，『厽，絫坺土爲牆壁。』則此絫石，猶云絫石爲牆壁耳。耳，佴之省文，義見上經第七十一條。畢云，『帬，寢字省文。』孫詒讓云，『說文，寑，擂文省人作寑，此又省又作帬。集韻，「寑古作帬。」』爾雅釋宮，『室有東西廂曰廟。』郭璞注，『夾室前堂。』又云，

『無東西廂有室曰寢。』郭注，『但有大室。』邢昺疏，『凡大室有東西廂夾室及前堂有序牆者曰廟；但有大室者曰寢。』按釋名釋宮室，『夾室在堂兩頭，故曰夾也。』葉德炯曰，『廟制中爲太室東西序外爲夾室；夾室之前小堂爲東西廂。』然則佴夾寢者：寢爲太室；夾卽夾室；佴爲東西廂，蓋卽覲禮注所謂『相翔待事之處，』故有副貳之義耳。

說首言堆垪石者，幷合諸石也；絫石者，累石至高成牆壁也耳夾霈者，謂相次建成東西廂夾室及寢廟也。

平地者，謂既平之基地也。古者營造國城，先須平地。考工記，『匠人建國，水地以縣。』鄭玄注，『於四角立植而縣，以水望其高下；高下既定，乃爲位而平地。』賈公彥疏，『云於四角立植者，植卽柱也；於造城之處四角立四柱。而縣，謂於柱四畔縣繩以正柱。柱正，然後去柱遠，以水平之法，遙望柱高下定，卽知地之高下。然後平高就下，地乃平也。』按此卽古者建城平地之法，推之廟寢室屋，莫不皆然；故此云平地也。方者比也；論語，『子貢方人。』何晏注，『比方人也。』則方石猶云比石。亦通放，卽放效，蓋謂餘石皆倣此石，其義正同。去地尺者，石高距平地一尺也。闕石者：正韻，『闕，聯絡也。』按亦通貫；孟子，『闕弓，』史記伍子胥傳作『貫弓。』貫亦聯絡貫穿之義，見漢書董仲舒傳注。二其字皆指方石言。縣，懸，古今字。張惠言云，『絲，繩也。』按縣絲，猶今匠人所用墨線。法儀篇云，『直以繩，正以縣；無巧工不巧工，皆以此爲法。』卽是。使適至方石不下者：謂使所闕之石，適至方石而不越過，亦不低下也。爾雅釋詁『膠，固也。』

則膠絲，猶言固定之線。去石，謂石過大者須除去之。說文，『挈，縣持也。』按石大相持，縣不能下，故曰挈也。絲絕，猶言膠絲石絕，殆省文也。月令疏，『不續曰絕。』則石絕謂石短不及線耳。蓋石過小者須添補之石小不能滿，故曰引也。未變而石易者：爾雅釋詁，『平，均，易也。』蓋謂石之大小無所變動，然後石得平易，故曰收也。收者收成收斂之義。

次言柱：蓋謂奠屋基而興建也。凡建屋者，基地既平，而後於其平地上四角置石；復比度其石相距於平地一尺。於是於方石之下，逐次將石貫聯之。因方石之上，著有墨線；故使所闕之石，適至方石而止，不過高，亦不低下也。惟線本固定，而石不無長短大小之差；長短大小相差，遂不免有扞格空闕之患。故須長大者去之，短小者接之；迄至長短大小不變而石平易，然後收其全功也。

古籍論建築工程者，周禮以外，略見於此；雖極膚淺，亦無棄之言矣。

30 **經** 買無貴。說在仮其賈。

說 買○刀糴相爲賈。刀輕則糴不貴；刀重則糴不易。王刀無變，糴有變。歲變糴，則歲變刀。若鬻子。

解 說文，『買，市也。』急就篇注，『出曰賣，入曰買。』畢沅云，『仮，反字異文。』孫詒讓云，『案集韻二十阮，「反或作仮。」說文辵部，返重文作仮云「春秋傳返从彳。」仮蓋仮之異文叚借爲反字。』按仮，反之繁文。張惠言云，『反，變也。』賈價之省文。

買無貴者，猶云買無貴賤言貴可以該賤也。史記貨殖傳，『無敢居貴；論其有餘不足，則知貴賤。貴上極則反賤；賤下極則反貴。貴出如糞土；賤取如珠玉。』按卽本條經文之義。

畢云『刀，謂泉刀。』按史記平準書索隱曰，『刀者錢也，以其形如刀。』說文入部，『糴，市穀也。』又米部，『糶，穀也。』糴糶二字有名謂之別。疑此糴，糶之繁文；則刀糶，謂錢與穀也。易，傷之省文。說文，『傷，輕也。』梁啓超云，『輕也者賤也。』王刀，張云，『王者所鑄，故曰王刀。』按王刀，卽漢書食貨志下所謂法錢；師古曰，『法錢，依法之錢也。』故戰國泉布多有厺匕二字，卽法貨。

刀糴相爲價者，猶管子權修篇所謂『金與粟爭貴』也。食貨志云『或用輕錢，百加若干；或用重錢，平稱不受。』蓋卽刀輕刀重之說。史記貨殖傳云，『夫糶：二十病農，九十病末。』蓋卽糴有貴賤之說。此謂民利輕錢，則錢價日高而穀價賤；故糴不貴如斗直二十也。若錢不堪重，則錢價日低而穀價貴；故糴不賤，如斗直九十矣。故曰相爲價也。

古今注，『秦錢半兩，徑寸二分，重十二銖。』平準書，『秦錢重難用，更令民鑄錢，一黃金一斤，約法省禁。』所謂王刀無變也。又云，『而不軌逐利之民，蓄積餘業以稽市物，物踊騰，糶米至石萬錢。』所謂糴有變也。歲變糴，則歲變刀者：孫云，『此言糴之貴賤，每歲不同；則刀之重輕，亦隨而變。』梁云，『物價遞年不同，卽貨幣之實價遞年有升降也。』按二說皆是。

若鬻子，譬詞。左昭三年傳，『有鬻踊者。』注，『鬻，賣也。』按鬻，假爲賫，俗寫作賣。管子八觀篇，『什一之師，三年不解，非有餘食也；則民有鬻子矣。』故食貨志云，『凡米石，五千人相食，死者過半。高祖乃令民得賣子，就食蜀漢。』蓋子爲不可賣者，自無貴賤之價可言。然因糴貴而爲貨，竟乃反其價而賣之，所謂買無貴者此也；故得用以相譬。

31 **經** 賈宜則讎。說在盡。

說 賈○盡也者盡去其所以不讎也。其所以不讎去則讎，正賈也。宜不宜，由欲不欲。若販化，鬻室，嫁子。

解 賈，價之省文。畢沅云，『售字古只作讎，後省。前漢書高帝紀云，「高祖每酤，留飲酒，讎數倍。」如淳曰，「讎亦售也。」』按彼張說注云，『買者賣者相宜，謂讎也。買者欲賤，賣者欲貴，是賈也。』正可移以釋此。

經文盡字之義不明，故說補釋之曰，『盡也者盡去其所以不讎也。』史記貨殖傳載計然曰，『知鬬則修備，時用則知物。二者形則萬貨之情可得而觀已。積著之理，務完物，無息幣；以物相貿易，腐敗而食之貨勿留。』戰國趙策三『夫良商不與人爭買賣之賈，而謹司時。時賤而買，雖貴已賤矣；時貴而賣，雖賤已貴矣。』論衡骨相篇，『商則有居善疾售之貨。』蓋商貨所以不讎，必有其弊；若弊盡去，當無有不讎者。故價宜則讎，卽以其所以不售之弊盡去故耳。

此論物有價格（Value）價值（Price）二者。價值卽時價表（Index number）之所示，本經謂之價宜，卽宜價。價格謂之正價。蓋凡貨之腐蝕不完或貿易失時者則不售；苟其所以不售之緣因盡去，則貨必售，此正價也。至售與不售由於求者之欲與不欲，是卽其價宜與不宜之分耳。

上經第八十九條云，『賈宜，貴賤也。』似言正價無貴賤，惟宜價有貴賤。蓋正價之貴賤，原爲貨類之本質及時機所含，非逾格者。宜價始以欲爲範圍，則貴賤大有間矣。鶡冠子學問篇云，『賤生於無所用；中流失船，一壺千金。』蓋宜價也。

若販化鬻室嫁子，譬詞。販化者：尚書，『懋遷有無化居。』化卽貨也。荀子儒效篇，『積反貨而爲商賈。』楊倞注，『反讀爲販。』又王霸篇，『賈分貨而販。』按皆是也。嫁子者古視婚嫁爲買賣，故以嫁子爲言。

32 **經** 無說而懼。說在弗必。

說 無○子在軍，不必其死生；聞戰，亦不必其生。前也不懼；今也懼。

解 上經第七十二條云，『說，所以明也。』然則此無說者莫明其所以也。夫事莫明其所以，則疑心生；疑則懼心生。何以故？以不必故。

子在軍，從軍在戍地也。聞戰，兩軍相接矣。張惠言云，『前，在軍；今，聞戰。』

子在軍不必其死生者，忘其爲死生也，故不懼。及聞戰，疑其或死，卽不必其生矣，故懼。

兼愛下篇云，『今有平原廣野於此，被甲嬰冑將往戰；死生之權，未可識也。』弔古戰場文，『其存其歿，家莫聞知；人或有言，將信將疑。』皆與此意相會；蓋屬今人所謂心理作用耳。

33 經 或，過名也。說在實。

說 或○知是之非此也，有知是之不在此也；然而謂『此南北』過而以已爲然。始也謂『此南方』，故今也謂『此南方』。

解 孫詒讓云，『或域正字』是也。前第十三條，經言域徙，說言長徙。又曰，南北在旦又在暮。蓋域徙者異所也，長徙者異時也。旣曰異所，卽有南北；旣曰異時，卽有旦暮。就徙而言，旦暮無定，皆屬過名。若衡以域徙則長徙之說，則域亦爲過名無疑。何以故？以驗之於實故也。

張惠言云，『有，讀曰又。』以已爲然者：上經第三十三條云『自後曰已；方然亦且。』卽其義也。

旣知暮之南北非旦之南北，又知暮之南北之所在，已非旦之南北之所在；則『此南北』之名，按之於實，不能合也。蓋『此南北』一語，直名存而實亡；然其實已過而仍謂之者，特以已然者爲方然耳。故始謂『此南方』，而今亦謂『此南方』。惠施謂『今日適越而昔來』（莊子天下篇）亦卽此理。

公孫龍子名實論云，『夫名實謂也。知此之非此也，知此之不在此也，則不謂也。』蓋龍輩揭櫫形名，以形名不過爲實，故名實當乃得謂之；若知此之非此及此之不在此者則不謂也，與此謂之者大殊矣。

34 經 知——『知之』『否』——之足用也誖。說在無以也。

說 智○『論之』『非智』無以也。

解 本條疑駁孔子之論『知』。論語載孔子誨仲由之言曰，『知之爲知之，不知爲不知，是知也。』此否字，意卽不知。蓋墨辯以謂『知之爲知之』與『不知爲不知，』不可同謂之知，若同謂之知便爲『知之否』之知，此『知之否』之知自相矛盾，不足爲用。若謂足用，必成狂舉，故曰知——知之否——之足用也誖。以者因也。無以者，謂『知之否』之二者不相因也。

張惠言云，『智，讀曰知。』按經說下知字多有寫作智者，古不分也。見上第九條

『論之』二字，在此爲譬詞之異。上經第六條『以其知論物。』故此以『論之』之知爲足用，反證『知之否』之知爲不足用也。

非知卽經『知之否』之謂。『知之否』不能足用，故曰非知。旣曰非知，則『知之否』之不相因可知。故曰『非知』無以也。

35 **經**『謂，』『辯，』無勝。必不當。說在不辯。

說謂○所謂非同也；則異也。同則或謂『之狗』其或謂『之犬』也。異則或謂『之牛；』『牛』或謂『之馬』也。俱無勝，是不辯也。辯也者，或謂『之是，』或謂『之非。』當者勝也。

解　本條論式當分爲二：(一)謂無勝。說在不辯。(二)辯無勝。必不當。

玆先論『謂。』『謂』凡將起辯，必有其謂；則謂者辯之始事耳。蓋辯必立辭；辭有實名二端，皆謂也。上經第八十條，『所以謂，名也。所謂，實也。』卽是。故二謂必當，始可言辯，始可言勝。二謂不當，則必無勝。何以故？以不辯故。故曰謂無勝。說在不辯。

由上以觀，欲辯之勝，尤必先有『謂勝。』然『所謂』之實，或有不能使人亟憭者，須假譬詞以彰之。譬詞者，卽上經所謂『法同』『法異，』小取篇所謂『他者同』『他者異』是也。茲就『謂無勝』一辭而論，其所謂『謂』字，究爲何似，遽難明知。於是乃必佐之譬詞，而後『謂』義始有所定也。故此等譬詞，或取同類之物以直證之；或取異類之物以爲反證；卽有時同異並用，皆無不可。故曰『所謂』非同也；則異也。

茲先言同。後第五十四條，『狗，犬也。』上經第七十九條，『狗犬命也。』又第八十六條，『二名一實，重同也。』據此，知狗犬之爲物，乃一實而二名者也。設有甲焉謂『此爲狗。』又有乙焉，謂『此爲犬。』狗犬重同，則二或所謂者一耳。二或同謂，辯必不與；遑論乎勝？故此一譬適與『謂無勝』之辭義相應，可直證之，卽法同也。其次言異。如甲謂『此爲牛；』此本牛也，而乙謂『此爲馬；』辯由是作。然甲當乎牛，其謂有勝，大與『謂無勝』者相左；故因此而可反證辭義之不虛。法異之云，如此而已。

俱無勝是不辯也句，卽(一)式之推辭。俱者皆也，凡也；言凡無勝者皆屬不辯者也。

上經第七十四條云，『辯勝，當也。』此(二)式云，『辯無勝，必不當。』其辭雖反而義實同。

辯也者三字，在此爲更端之詞，與論式無涉，置之可也。

或謂『之是，』或謂『之非，』有彼可爭，辯必有勝，正與『辯無勝』一辭相反，知此爲譬之異也。

當者勝也句，爲(二)式之推辭，且屬推之異者。

此『辯無勝』一式，似破莊子之說，見齊物論篇『旣使我與若辯矣』一節。

36 經 無不讓也不可。說在殆。

說 無○讓者，酒未讓。殆也，不可讓也；若殆於城門與於臧也。

解 國語周語下載史佚之言曰，『德莫若讓。』知墨家固崇讓德也。然就世法言，謂不可凡事卽讓。故曰無不讓也不可。

讓者酒未讓，譬詞。殆也不可讓也，爲經文『說在殆』之說明語。若殆於城門與於臧也，係言殆之何若，又爲上句『殆也』舉例耳。

讓者，謂禮讓之人。儀禮鄉飲酒禮，『無算爵。』注，『算，數也；賓主燕飲，爵行無數，醉而止也。』故曰酒未讓。若殆於城門與於臧也：殆義見上經第三十七條。與於臧，省文，猶云與殆於臧也。蓋城門爲出入孔道，擁擠搶攘；後者當接踵前者而逮及之，不可讓也。論語陽貨篇，『唯女子與小人爲難養也，近之則不孫。』此臧爲卑賤小人，狎習則瀆，宜正色嚴辭以御之，不可稍爲寬假；此又不可讓者也。

酒固可讓，然欲盡歡，故曰未讓；而與之所至，不肯下人，亦未讓也。至於殆，情固可讓，而勢不可耳。

儒家謹守禮讓，故孔子曰，『能以禮讓爲國乎，何有？』論語里仁篇 頗有『無不讓』之意，疑本條或卽辯其說也。

37 經 於一：有知焉；有不知焉。說在存。

說於○石，一也。堅，白，二也；而在石。故『有智焉有不智焉』可。子智是；有智是吾所先舉：重。則子智是而不智吾所先舉也：是一。謂『有智焉有不智焉』也？

解 上經第六十六條云『堅白，不相外也。』說云，『於石，無所往而不得，得二。』又第六十七條說云『堅白之攖相盡。』按本條於一，卽彼於石。有知焉有不知焉，卽彼堅白不相外及無所往而不得二之義。存，卽攖相盡亦卽本經前第十四條說云『撫堅得白必相盈也』之義。蓋堅白色性二者域於一石；設以手撫石，卽可知堅，而同時亦可得其不知之白。何以故？以堅白皆存於石故。

本條似破形名家（見前第十四條解）之堅白論。形名家持『離堅白』之說，大氏起自鄧析而盛於公孫龍。龍固集大成者，其言曰『石，一也。堅，白，二也；而在於石。故有知焉有不知焉；有見焉有不見焉。故知與不知相與離，見與不見相與藏。藏故，孰謂之不離？』兩相比勘，因知二家之所同者：如堅白二而在石一，一也；有知焉有不知焉，二也。所異者：彼謂知與不知相與離；見與不見相與藏。以爲『拊不得其所白而得其所堅；視不得其所堅而得其所白』耳。但名家不然，以爲堅白二者皆在石一，拊堅卽可得白。雖有知不知之分，實則同時皆知固不待見不見爲之贅言也。故曰『故有知焉有不知焉可。』有智是吾所先舉：張惠言云，『有，讀曰又。』則子智是：則，猶若也。形名家曰，『無堅得白，其舉也二；無白得堅，其舉也二。』蓋謂視石得白，祇舉白石；拊石得堅，祇舉堅石而已。但名家不然，上經第三十一條云，『舉，擬實也。』蓋謂堅白既在石之實，若舉堅而不舉白，或舉白而不舉堅，皆不能擬實矣。無已，則有先後之別乎。今子知白，又知此吾所先舉之堅；則堅白固重而兩在也。若子知白，而不知吾所先舉之堅；則是知一而非重耳。既是知一，僅曰有知焉足矣；尙得謂爲有知焉有不知焉耶？

38 **經** 有指於二而不可逃。說在以二參。

說 有○指，若智之；則當指之智告我，則我智之。兼指之以二也；衡指之，參直之也。若曰，『必獨指吾所舉，毋舉吾所不舉！』則者固不能獨指；所欲指不傳，意若未校。且其所智是也所不智是也，則是智之不智也。惡得爲一而謂『有智焉有不智焉』？

解 此承上條申言之。淮南原道篇高誘注，『指，所之也。』漢書河間獻王傳顏師古注，『指謂意之所趨，若人以手指物也。』按人以手指物謂之指，因而所指某物之形色性亦曰指；則物卽實，指卽德耳。德形於外，所謂物之現象是也。『於二』與上條『於一』對文。於一言石，卽物；於二言堅白，卽指。逃者避藏或離隔之義。有指於二而不可逃，意謂有指於石之堅白二者而堅白不可離隔也。孫詒讓云，『二參，卽二三。廣雅釋言云，「參，三也。」』按以二三者，猶云以二合一而爲三。公孫龍子堅白論或問之辭所謂『堅白石不相外，藏三：』卽此義也。

若智之與上條『子智是』句法同。下『之智』梁啓超云，『之，訓此。』按此之智，猶言其所知也。蓋知物之指曰知，卽能知；因而其所知某物之指曰所知。指在物而知在心，內外相應，故曰之知。『兼』本含『二』義，見上經第二條。『衡』亦含『三』義，見本經前第二十五條。上經第五十七條，『直，參也。』

張惠言云『直，當也。』說文，『者，別事詞也。』增韻，『者，此也；凡稱此箇爲者箇是也。今俗多用這字；這乃魚戰切，迎也。』不傳，猶云不達。校，同較。廣雅四『較，明也。』史記伯夷傳『彰明較著』是也。則是智之不智也：之，猶與也，見王氏釋詞。

物之品德，子旣知之；則當指子之所知告我，而我亦知之。後第七十條，『聞所不知若所知，則兩知之。』說在告。』亦卽其義。蓋謂聞指尙可以知物；固不必視石而後知白，揣石而後知堅也。又何論夫揣石知白，視石知堅哉？此似破形名家『視不得堅而得白，揣不得白而得堅』之說，乃設此論。故就堅白言：則指堅知白，指白知堅，卽指一而知二也；是曰兼指。若就石言：則指石而直堅白，卽指一而知三也；是曰衡指。兼指衡指，故曰以二三也。然形名家曰，揣石得堅，視石得白，其舉皆二而非三。蓋謂吾所舉者白石，則必獨指其白；吾所舉者堅石，亦必獨指其堅。若吾所不舉，子亦勿舉；遑言指乎？雖然，此固不能獨指也。設獨指堅，則所欲指之白不傳；設獨指白，則所欲指之堅不達。是堅白石之意，若未較然明也。且其所知之堅在此石也，所不知之白亦在此石也；則在此石者堅與白，卽是知與不知也。知與不知是二，何得爲一？旣不爲一，乃謂有知焉有不知焉，當無疑矣。

39 **經** 所知而弗能指。說在春也，逃臣，狗犬，遺者。

說 所○春也其執固，不可指也。逃臣不智其處。狗犬不智其名也。遺者巧弗能兩也。

解 所知者物也，而能知由於心；所指者物之指也，而能指由於手。心內手外，內非外得；故曰所知而弗能指。春，胡適謂爲人名，甚是；後第五十條『臧也』『春也』幷言，可證。

形名家持『堅白石二』之說，以謂拊石之堅不能指白，視石之白不能指堅；蓋視內心不與於知見之事也。故名家駁之曰，世固有所知之物而弗能指者，如下四類皆是；然非所論於堅白也。

說惟春也爲『不可指』，其餘三者皆屬『不能指』，經文已言，故不復出。

春爲執事之僕隸，從其主人之意志而守之，固不能自作主張；故曰不可指也。逃臣：逃，亡也；臣，僕也。臣僕逃亡，不知其處；此不能指者一也。說文類字，從犬爲義。蓋以犬類大同，甚難別白而名之，故曰狗犬不知其名；此不能指者二也。淮南齊俗篇『若夫規矩鉤繩者，巧之具也；而非所以爲巧也。』又云，『今夫爲平者準也，爲直者繩也。若夫不在準繩之中，可以爲平直者，此不共之術也。』按不在準繩之中可以爲平直者，卽此所謂遺者也；不共之術，卽此所謂巧弗能兩也：則不能指者三矣。

40 **經** 知狗而自謂『不知犬』，過也。說在重。

說 智○智狗不重智犬則過。重則不過。

解 此『重』卽因明比量所謂重緣，由此事以推度他事之謂。如先見烟爲一緣，由之而推知有火，則重緣耳。上經第八十六條『二名一實，重同也』。故知狗者卽以重同之故而推知犬。今知狗而自謂不知犬，卽不重知犬，故謂之過。此過卽比量相違。

知狗不重知犬則過，義與經同，推辭之同也。重則不過，猶云知狗重知犬則不過，取爲反證，推辭之異也。

形名家言『狗非犬，』見莊子天下篇此似駁之。

41 **經** 通意後對說在不知其誰謂也。

說 通◯問者曰，『子知䮕乎？』應之曰，『䮕，何謂也？』彼曰『䮕旅，』則智之。若不問『䮕何謂，』徑應以『弗智，』則過。且『應』必應『問』之時。若應『長』應有『深淺』『大小，』不中；在『兵人』『長。』

解 張惠言云，『先通彼意，後乃對之，否則不知其何謂。』

䮕，罵之別體。說文，『罵，馬落頭也；从网，馽。馽，絆也。羈，罵或从革。』按馽即縶之本字；莊子馬蹄篇作罵，集韻作䍶，字彙作冐，其中央◯皆即卌之變形。故此罵字隸譌為䮕，將网化作覀，其絆馬足之卌化作冄，而又從下移書於右耳。今古籍中罵字罕見，多通用羈。段玉裁云，『羈，引伸為羈旅。』按亦作羇旅，左莊二十二年傳，『羇旅之臣』杜注，『羇，寄也。旅，客也。』是也。『羈旅』連文；故此問䮕何謂，乃答以䮕旅之䮕，因知其意之所在矣。且應之應，假為譍；說文，『譍，以言對也。』必應之應，如字讀；說文，『應，當也。』兵古文長字。雜守篇，『有善人，有長人。』孟子告子篇，『不識長馬之長也，無以異於長人之長與？』按此『長人長，』蓋即所謂『長人之長。』

說前段以問羈為喻，其文自明。後段謂應對必當乎所問之時，又以應長讀去聲為喻。蓋應長而應為深淺之深，大小之大，則不中。若應在長人之長，則其意甚明，聞者憭然矣。

韓子難一篇云『雍季之對，不當文公之問。凡對問者有因因小大緩急而對也；所問高大而對以卑狹，則明主弗受也。』又論衡刺孟篇云『孟子見梁惠王，王曰「叟！不遠千里而來，將何以利吾國乎？」孟子曰「仁義而已！何必曰利？」』夫利有二：有貨財之利；有安吉之利。惠王曰「何以利吾國」何以知不欲安吉之利，而孟子徑難以貨財之利也？行仁義得安吉之利。孟子不且語問惠王何謂「利吾國」；惠王言「貨財之利」乃可答。若設令惠王之問未知何趣，孟子徑答以「貨財之利」；如惠王實問「貨財」，孟子無以驗效也。如問「安吉之利，」而孟子答以「貨財之利；」失對上之指，違道理之實也。』

按上二節確能顯出本條之旨，故錄之。

經下篇上截共四十一條完（內原缺經第二十七條今補入）

42 **經** 所存與存者；於存與孰存？異說在駐。

說 所◯室堂所存也；其子，存者也。據存者而問室堂，惡可存也？主室堂而問存者，孰存也？是一主存者以問所存；一主所存以問存者。

解 於存者說文『於，象古文烏省。』段玉裁注『此即今之於字也。』按於，說作惡，二字本通用。王氏釋詞云『惡，猶安也，何也；字亦作烏。』即其證。惟說作『惡可』者：可，何之省文。惡何，即於何也。公羊桓六年傳『惡乎淫？』何休注『惡乎，猶於何也。』史記大宛傳司馬貞注『惡，於何也。』蓋單言曰於或曰惡；重言曰於何。於何，即惡也。駐，說作主；則駐，主之繁文。然說又作據；蓋主據義皆訓依，得通用也。詩柏舟傳，『據，依也。』周禮春官司巫注，『主，神所依也。』引申凡依皆可曰主，故據主義通。室堂二字古書多連用；禮內則篇『灑埽室堂，』即其例。其子，猶詩『之子于歸』之『之子，』蓋存於室堂之人也。主室堂而問存者孰存也：曲禮『將入門，問孰存：』即是。

此言問名當察能所。室堂爲所存；之子爲存者，即能存。依能存而問所存，當云惡存，猶云室堂何在？依所存而問能存，當云孰存，猶云誰在此室？是一據能存以問所存；一據所存以問能存。據問不同，故經曰異。

43 經 五行毋常勝。說在宜。

說 五○金，水，土，木，火離。然火爍金，火多也。金靡炭，金多也。金之府水，火離木。若識麋與魚之數，惟所利。

解 書鴻範篇『初一曰五行。』鄭玄注，『行者順天行氣。』周禮考工記，『五材，金木水火土也。』按材以質言，行以用言耳。張惠言云，『毋，無也。』按二字通用。宜，當讀爲多。說文宜字從多省聲作宐，古文不省作𡨄，廣韻作㝖，可證。

孟子告子上篇云，『水勝火；以一杯水救一車薪之火，不熄，則謂之水不勝火。』白虎通云，『五行所以相害者：天地之性，衆勝寡，故水勝火；精勝堅，故火勝金；剛勝柔，故金勝木；專勝散，故木勝土；實勝虛，故土勝水也。』論衡命義篇云，『譬猶水火相更也，水盛勝火，火盛勝水，遇其主而用也。』故曰五行毋常勝。何則？以多勝少故耳。

本條函論式二：（一）駁五行相勝之說；（二）駁五行相生之說。經文二句，卽屬第一論式之辭，故二物。「然火爍金，火多也，金靡炭，金多也」四句，乃第一論式之侔辭。

「然火爍金」然字，爲上句之轉詞，在論式中可棄去之。爍，與鑠通。說文，「鑠，銷也。」易中孚注，「靡，散也。」方言，「靡，滅也。」禮月令，「伐薪爲炭。」說文，「炭，燒木餘也。」

火爍金者，金少火多，非火勝金也。金靡炭者，金多炭費，非金勝木也。

易離彖傳云，「離，麗也。」說文，「府，文書藏也。」按引申爲凡藏之稱；故玉篇云，「府，聚也。」

金水土木火五者皆彼此相麗，並非相生；故曰金水土木火離。何以故？以水聚藏於金而火附麗於木故耳。

金水土木火離一句，爲第二論式之辭。「金之府水，火離木」一句，卽其所出之故。「若識麋與魚之數惟所利」一句，乃譬辭也。

玉篇「識，認也。」增韻，「識，能別識也。」呂氏春秋壅塞篇，「寡不勝衆，數也。」高誘注，「數，道數也。」

惟所利者：按麋爲山物，魚爲水物；故各有所利。淮南說山篇，「爲魚德者非挈而入淵，爲蝯賜者非負而緣木；縱之其所利而已。」由是以觀，麋之所利，於山之林，魚之所利，在川之水。故林盛而麋赴焉；水大而魚藏焉。若能識別此道，則水非生於金而木非生火，可以恍然悟矣。

漢書藝文志數術略云，「五行者，其法亦起五德終始。」宋書歷志曰，「五德更王，唯有二家之說：鄒衍以相勝立體；劉向以相生爲義。』按五行相勝，皆言昉自鄒衍。至相生之說，董仲舒春秋繁露幷有五行相生相勝二篇；茲證以本條駁語，則相生說之剏立，疑不得下及仲舒，逿論劉向？大氐衍後逐漸滋生，故墨者得以援義遮撥；而仲舒反得據五行家之舊說而揚其波耳。然或者謂貴義篇載『子墨子北之齊，遇日者。日者曰，「帝以今日殺黑龍於北方，而先生之色黑，不可以北。」子墨子不聽。』卽此可證墨翟之時，已有五行相勝之說，亦非昉自鄒衍明矣。余謂貴義等篇所載子墨子之語，未必盡屬之於翟；蓋戰國時門弟子之言，多有歸之於其先師者，猶之後人之言歸之古人。此類是也。其詳別見舊作墨翟言行考。余近作思孟五行考，始知陰陽五行說轉變極繁。茲不贅述。辛未識。

44 **經** 無『欲惡之爲益損』也。說在宜。

說 無◯欲惡傷生損壽，說以少連，是誰愛也？嘗多粟，或者欲；不有能傷也？若酒之於人也。且惡人，利人愛也；則惟怨弗治也。

解 此言欲惡必得其宜。蓋欲惡之心人皆有之；苟得其宜則益，失其宜則損。故謂欲之爲益，惡之爲損，則無此理。

淮南要略篇云，『久服傷生而害事。』則傷生，猶言害於生事。又損壽，猶言減其壽算。少連，人名。禮雜記篇載孔子曰，『少連，大連，善居喪，三日不怠，三月不解，期悲哀，三年憂，東夷之子也。』不有能傷也，當讀不又能傷耶。且，猶抑也，見王氏釋詞。則惟怨弗治也：惟讀同雖；怨同智，見上經第七十五條。又第二十八條云『治求得也。』

此言欲惡不宜皆足以傷生損壽。以少連之善居喪而言，可謂愛其所親也。然此究誰愛耶？蓋恐無益於所親而有損於己身矣。（久喪足以傷生損壽，說詳節葬下篇。）夫或者飢而欲食，故食多粟；然過飽則滿，不又能傷耶？猶之酒以盡歡，亦足致醉。此則欲之不宜之爲無益矣。抑就惡而言：我愛人，固欲人之愛我也。乃因人不我愛而我惡之，亦人情之常也。然以利人愛我之故而惡人，則其人雖智，殆不能求得人之同情也。此又惡之不宜之爲損矣。（可參閱兼愛三篇）是以欲惡之爲益損，不以有無而定，當以宜與不宜爲斷。

45 **經** 損而不害。說在餘。

說 損○飽者去餘，適足，不害。能害，飽。若傷麋之無脾也。且有損而后智益者，若㾓病之止於㾓也。

解 此承上條申言之。夫益之爲利，損之爲害，常道也。然據上經第四十五及四十六兩條，益固言利，大而損則曰偏去。偏去殆猶本條說語『去餘』之義。蓋人若知有餘而去之，則所謂損者不害矣；故曰說在餘。老子謂『有餘者損之，』亦此義也。

飽者去餘適足，殆所謂知有餘之道而不任性者耳。廣韻，『飽，食多也。』麋，與糜通。釋名釋飲食，『糜，煮米使糜爛也。』說文，『脾，土藏也。』釋名釋形體，『脾，裨也；在胃下，裨助胃氣，主化穀也。』畢沅云，『㾓，卽瘧省文。』說文云，「虐，熱寒休作。」今經典省八，此省巳一也。巳，卽爪字。』正字通云，『瘧有風寒暑熱濕食瘴邪八種。先寒後熱爲寒瘧；先熱後寒曰温瘧；熱而不寒曰癉瘧，卽脾瘧：皆痰中中脘，脾胃不和所致。』黃帝內經三瘧篇云『瘧，風寒氣也，不常病，極則復至。病之發也，如火熱風雨，不可當也。故經言曰，「方其盛時，勿敢必毀，因其衰也，事必大昌。」此之謂也。』楊上善注『此言取其衰時有益者也。』上條云，『嘗多粟，或者欲；不有能傷也？』卽此所謂能害飽，猶云飽而能害也。然使不害，奈何？惟令欲飽之人，去其羨餘之食，俾適足而止，則不傷耳。蓋飽能傷人，如食糜過多，中懣不暢，致脾失其助胃化穀之用，則五臟之內直與無脾等耳。然此以多食爲有益而反得損者也。若先有損而後始知其爲益者，如瘧病之止於瘧是已。蓋脾胃不消，苟發之劇變，可成險症，不敢必其無傷也。若止發於瘧，或熱或寒，間時起伏，則沴氣漸消而病去，事乃大昌矣。大取篇云，『害之中取小也，非取害也，取利也。』卽是此意。辭過篇云，『古之民，其爲食也，足以增氣充虛，彊體適腹而已矣。』呂覽盡數篇云，『凡食之道，無饑無飽，是之謂五藏之葆。』又重己篇云『味不衆珍；味衆珍則胃充，胃充則中大鞔，高注，『鞔，讀曰懣；不勝食氣爲懣病也。』中大鞔則氣不達，以此長生可得乎？』按皆此謂『適足不害，飽能害』之義。

46 **經** 知而不以五路。說在久。

說 智◯以目見，而目以火見，而火不見，惟以五路智。：久不當以目見，若以火見。

解 梁啓超云『五路，五官也。官而名以路者，謂感覺所經由之路，若佛典以眼耳鼻舌身爲五入矣。』按佛典五入之外有意，猶此五路之外有知。管子君臣下篇『四肢六道，身之體也。』其道卽此所謂路耳。

考列子楊朱篇載養生之目，有耳目鼻口體意六者。荀子正名篇所謂天官，亦擧目耳口鼻體心六者。又莊子外物篇六鑿，亦爲目耳鼻口心知。然則五路之外有知，較然明矣。惟列子謂耳欲聽，目欲視，鼻欲向，口欲言，體欲安，意欲行；則所謂聽者耳知也，視者目知也，向者鼻知也，言者口知也，安者體知也，行者意知也。由是以觀，意知者知自行也；而耳目鼻口體之五路，又皆藉乎知，始能副其所欲焉。故知當有二用：（一）知與五路俱行：如目緣色時，知亦緣色；目知雙緣，方能得視而起分別。餘四皆同。（二）知不與五路俱行此即知自行；如五路無所緣時，則知獨自有所緣也。此知而不以五路，即知自行之義。而，當讀能。以，用也。知能不用五路，殆與亢倉子所謂『我能視聽不用耳目』見前第五條解文句相同。久，猶云積久貫習。蓋謂『知』能不用五官者，以其積久貫習故耳。按積久貫習猶今所謂經驗荀子正名篇云，『心有同又徵知。徵知，則緣耳而知聲可也，緣目而知形可也。然而徵知必將待天官之當簿其類，然後可也。』此謂六官當簿六類，而六官中之心官又能徵知，故緣耳知聲，緣目知形；蓋即心官具有二用之意。

以目見，而目以火見，其文自明。而火不見者，謂火不能見物也。火既不能見物，然則能見者仍目也。目爲五路之一，目見則知；推之五路皆知矣。故曰火不見，惟以五路知也。此因經文謂知不用五路，則亦可謂見不用目。然見實用目，則知必用五路無疑。蓋經文云云者，徒以久耳。久則不當以目見，一若以火見之矣。

形名家持『目不見』（見莊子天下篇）之說。公孫龍子堅白論云，『且猶白以目以火見。而火不見；則火與目不見而神見。神不見，而見離。』蓋名家所持者『目見』，並謂以久之故見不用目，知不用官；則其所以見所以知者，殆有『神』以運乎其間也。故若堅白石：視白時，神能知堅；拊堅時，神能見白。則知見不離，卽堅白不離矣。形名家反之，以謂火固不見；目待火見，當自不見，而神無所附，亦爲不見：則神者不見不知也。不見不知卽知見離，而堅白亦離矣。

47 經 火熱。說在頓。

說 火○謂『火熱』也，非以火之熱我有。若視日。

解 頓，屯之繁文。莊子寓言篇，『火與日吾屯也』，釋文，『屯，徒門反，聚也。』按卽其義。

火爲體；熱爲火之性，故火熱。蓋熱之性常聚於火體故耳。

非以火之熱我有，係申言頓字之義。說文，『我，或說「我頃，頓也。」』又『俄，行頃也。』蓋俄爲我之後起字古祇作我頃，後作俄頃；故今之俄有，古曰我有也。俄有猶云頓然而有；然與經文頓字其義各別。茲恐讀者如字作解，故又轉易其語以釋之曰，『非以火之熱俄有。』蓋謂熱聚火中，非俄然而有耳。

謂火熱也非以火之熱俄有，猶云熱非俄有（卽屯）則火熱也，係論式之推辭。

若視日，譬辭。論衡說日篇『日者天之火也。』日爲火體，亦爲全熱；故尙賢中篇云，『乃熱照無有及也。』熱照，卽日照。蓋吾人視日卽知其熱，與握火得熱無以異也，因用爲譬。

形名家謂『火不熱，』見莊子天下篇淮南詮言篇許愼注作『炭不熱，』此則駁之；蓋謂炭固有本體，而火亦有本體，故熱性得以屯聚之也。

48 **經** 知其所不知。說在以名取。

說 智○夫名，以所明正所不智；不以所不智疑所明。若以尺度所不智——長。

解 知，卽能知。有能知必有所知，亦有所不知。故曰知其所不知。此取字，與小取篇『以類取』之取同義。上經第九十四條『法取同，』又第九十五條『取此擇彼，』亦然。蓋取此名以衡所不知之事物，因而所不知者皆得知也。

疑所明之疑，擬之省文。

若以尺度所不知長，係譬辭。

度長之物爲尺，名也。尺有固定之長，所明也。取所明之尺以度所不知之長，正也。引所不知之長以例所明之尺，擬也。故正名者，以所明正所不知，不以所不知擬所明也。貴義篇云，『今天下之君子之名仁也，雖禹湯無以易之。兼仁與不仁，而使天下之君子取焉，不能知也。故我曰「天下之君子不知仁」者，非以其名也，亦以其取也。』呂氏春秋異寶篇，『其知彌精，其所取彌精；其知彌觕，其所取彌觕。』由是以觀，凡知之不盛者，雖取其名，殆以所不知擬所明；則其所取者彌觕矣。

49 **經** 無不必待有。說在有『無』

說 無○若無『焉』則有之而后無無『天陷，』則無之而無。

解 莊老皆謂『有生於無，』又謂『有無相生；』此謂無不必待有，似即破其說。蓋『無』不必與『有』對待自可獨立存在；故曰說在有『無。』

說文『焉鳥，黃色，出於江淮。象形。凡字朋（卽鳳）者羽蟲之長；烏者日中之禽；舃者知太歲之所在；燕者請子之候，作巢避戊己。所貴者故皆象形，焉亦是也。』禽經『黃鳳謂之焉。』備城門篇『由聖人之言，鳳鳥之不出。』論語子罕篇『鳳鳥不至。』蓋歎古有鳳而今無也。故曰，若無『焉，』則有之而後無。無天陷者：莊子天下篇載黃繚問惠施『天地所以不墜不陷之故，』惠子徧爲萬物說，蓋不信有天陷之事也。古無天陷，今亦無天陷：故曰無之而無。

無天陷二句，譬推之同。若無焉二句，譬推之異。

無之而無，並不與有對待。有之而后無，則有尙在前，安能生於無耶？

50 **經** 擢慮不疑。說在所『謂』

說 擢○疑無謂也。臧也今死，而春也得之又死也可。

解 說文，『擢，引也。』荀子議兵篇楊倞注，『慮，大凡也。』按慮，長言之爲亡慮，或無慮。漢書趙充國傳注，『亡慮，大計也。』又食貨志下注，『無慮亦謂大率無小計慮耳。』擢慮不疑者，謂引彼事而推及此事，其是非大率可定，故曰不疑。

說在所謂之所字，讀與斯同。

前第四條說云，『有之實也，而後謂之；無之實也，則無謂也。無謂則疑也。』此說在所謂者；蓋謂事若不疑，必得其實；實得斯謂之也。反之而疑，其實不得；實不得則無謂矣。故曰疑無謂也。

疑無謂也句，係推辭之異者。

臧也今死，而春也得之又死也可，係譬辭。春與臧並稱，則春或亦臧獲之類。蓋謂如服毒物，臧苟得之而死，則春得之亦必死也。小取篇云『援也者：曰子然，我奚獨不可以然也？』與此句法頗同；蓋擢與援義皆爲引耳。

51 **經** 且然不可止，而不害用工。說在宜。

說 且○且猶是也。且，必然。且已，必已。且用工而後已者，必用工而後已。

解 上經第三十三條，『且言且然也。』此說謂『且，必然。』則且然卽必然矣。孫詒讓云，『工，與功古字通。用工，猶言從事也。』按工，功之省文。小取篇云，『且入井，非入井也。止且入井，止入井也。』彼且字訓將，故可止之。此且旣訓必然；若謂且入井爲必然入井，何由止之？故曰且然不可止。雖然，人之用功，當有必然之志，則且然之宜於用功而不相害明矣。故曰說在宜。

且，猶是也：孫云『詩周頌載芟，「匪且有且，匪今斯今。」毛傳，「且，此也。」孔疏，「且，亦今時。」』此云猶是也，與此今義相近。」按孫說是。蓋前第一條說語有『此然是必然』之言，故本條曰『且，必然。』又上經第三十三條謂『自前曰且自後曰已方然亦且。』故本條曰『且已，必已。且用功而後已者，必用功而後已。』

52 經 均之絕；不說在所均。

說 ○均髮均縣。輕而髮絕不均也。均，其絕也；莫絕。

解 此論靜力學平衡之理。蓋謂均之絕與不絕皆須視其所均之物輕重何如。若畸輕畸重則絕；否則不絕也。經文二句互文見義；均卽能均，與所均對文。

均髮，譬詞。輕而髮，猶云而髮輕，意卽不均之髮，亦譬詞。惟『均髮』以譬於不絕；『輕而髮』以譬於絕耳。

均縣，推辭之同；縣卽不絕，猶云所均則不絕。絕不均也，推辭之異；猶云絕則非所均也。

均其絕也莫絕，係援辭，與經文正反二面相應。

列子湯問篇有此文，張湛注云『髮甚微脃而至不絕者，至均故也。今所以絕者，猶輕重相傾，有不均處也。若其均也，寧有絕理？言不絕也。』又仲尼篇張注，『夫物之所以斷絕者，必有不均之處。處處皆均，則不可斷。故髮雖細而得秤重物者，勢至均故也。』皆卽此義。

世說新語巧蓺篇云，『陵雲臺樓觀精巧；先稱平衆木輕重，然後造構，乃無錙銖相負揭。臺雖高峻，常隨風搖動而終無傾倒之理。魏明帝登臺，懼其勢危，別以大材扶持之，樓即穨壞。論者謂輕重力偏故也。」

按此節正可爲本條確證。

53 **經** 堯之義也於今而處於古，而異時。說在所義二。

說 ○堯，霍。或以名視人；或以實視人。舉『友富商也，』是以名視人也。指『猶是臛也，』是以實視人也。堯之義也：是聲也於今；所義之實處於古。

解 堯之義，即能義。能義與下所義，相對成文。能義，謂堯能成其義，即論語『其有成功』之意；故曰堯之義。也，岐之省文。說文『岐，𢼽也；从攴，也聲，讀與施同。』玉篇『岐亦施字』。按經傳多以施代岐。大雅『施于孫子』，鄭玄箋『施，猶易也，延也。』則也於今，猶云延及於今耳。玉篇『處，居也。』廣韻『處，留也，息也，定也。』而異時：孫詒讓云『古今異時。』按施於今者名也；處於古者實也。然時異則事異，或名同而實不必同。故堯時之所謂義，已非今人之所謂義矣。故曰所義二。

前第十五條說云『堯善治，自今在諸古也；自古在之今，則堯不能治也。』可參閱。

堯霍之霍，疑當讀高。前第六條『麋與霍孰霍？』第二霍字或誤作高；當閱校文 蓋鶴字亦作鶮，從高爲聲，故霍得假爲高也。管子封禪篇『鄗上之黍，』尹知章注『鄗，音臛。』釋名釋飲食云『臛，蒿也。』據畢校本 易文言傳，『確乎其不可拔。』說文『塙，堅不可拔也。』說文即本易義。以上皆高霍聲通之證。說文『堯，高也。』此以霍詁堯，其義當同。儀禮士昏禮，『視諸衿鞶。』鄭玄注，『視乃正字，今文作示，俗誤行之。』

按古作視，漢人作示，其義一也。矐，霍之繁文。疑因上有堯霍字與此異義，故此特加偏旁以別之耳。猶是霍，前第八條作猶氏霍，後第七十二條與此同，茲不贅釋。聲亦名也。呂覽過理篇『臣聞其聲。』高誘注，『聲，名也。』可證。

於文，堯訓爲高。乃以陶唐高義，因諡曰堯，亦卽論語『巍巍乎』之意。故以名示人，陶唐之諡爲堯也。以實示人，陶唐之高義隆於其時也。夫唯名可舉以相告，而有實必指而後知。（詳上經第三十一條）故舉『友爲富商』乃以富商之名而舉示人。指『猶是鶴，』則以鶴之實而指示人矣。是以堯之高義，名垂於後；故曰也於今。所義之實及世而終，今人莫能指示；故曰處於古也。

54 **經**『狗，犬也。』而『殺狗非殺犬也』可。說在重。

說 狗〇『殺狗謂之殺犬』可。若兩脾。

解 狗犬也句，爲起下之辭，與前第十四條同例。

上經第八十六條，『同，重。』說云，『二名一實，重同也。』又第八十七條，『異，二。』說云，『二必異，二也。』按同異相形，重二相對，舉同可以見異，舉二可以見重。故狗犬同物，而殺狗非殺犬者，重而二也。既重而二，亦二而重；故殺狗亦可謂之殺犬矣。

若兩脾，譬詞。脾，亦作髀。廣韻載『髀與䯗同，或作䏶。』蓋偏旁从骨从肉可通用也。所謂兩脾者，殆卽韓子外儲說右上篇之末節『解左髀，說（同脫）右髀』之例耳。蓋兩髀同體而有左右之異，謂之同物則可，謂之異物亦可；故得相譬。

小取篇云，『盜人也。殺盜非殺人也。』與此辭例正同。疑本條本用為取證『殺盜非殺人』一辭之義，乃立此論。

55 經 使役義。說在使。

說 使○令使也：義使；義義不使，亦義。使役：義亦使役；不義亦使役。

解 使役而義者，以其令使故耳。故曰說在使。

上經第七十六條，『使，令謂。』故此令使連文。蓋以令使言：義使固義；義不使亦義。若以使役言：商湯周武，罰罪弔民，義之使役也；秦皇漢武，黷武窮兵，不義之使役也。所以墨子明守圉而又非攻。

56 經 荆之大，其沈淺也。說在具。

說 荆○沈，荆之貝也。則沈淺非荆淺也。若易，五之一。

解 本條有具字貝字及易五之一句，疑論古之圜法；然荆沈淺三字，實難索解。己未作『鼎字義證』一篇，以鼎貝為古泉布之本字；因涉及此條，頗疑荆沈乃鼎朋之假字，淺即賤之假字。未幾又作『鼎貝為古錢幣考』一文以暢言之，而其義略明。茲摘錄其關於本條者如次：

釋名釋宮室云，『廩，矜也。寶物可矜惜者投之於其中也。』急就篇顏注云，『京，方倉也。一曰，「京之言矜也。寶貴之物可矜惜者臧於其中也。」』按廩矜京三字各有本義，皆非寶物藏器之專名；其專名疑即鼎也。古者貨貝而寶龜；鼎之上半目即貝，下半爿即牀，牀即藏也。鼎，古讀若丁；故頂从丁聲，籀文从鼎聲。而頂可訓顚，與泉音近；故鼎又轉而爲泉。（又意泉爲鼎之譌體，以其音近形似，故習用耳。）周禮泉府注，『布，泉也。其藏曰泉，其行曰布。』竊意古時寶物，即閣爿上，謂之爲鼎；交易出入，爿不分離，即曰藏幣。（後世鑄鼎，三足四足，視爲寶器，殆其遺制。）貝則貫之，雙垂可見；絡成多貝，以便行用，故曰行幣。貝布音近，義亦得通，因謂之布。若統言之，布即泉，鼎即貝也。分而言之，藏者鼎泉，行者貝布耳。迨後鼎義爲禹鼎及和味之鼎所專，於是藏珍物者遂借用廩秢京三字；而本條之荆，殆亦即鼎字之借焉。（說文謂『籀文以鼎爲貞字；』疑鼎可轉通珍，故亦借爲荆也。）蓋一荆可直多貝，故曰荆之大。

荆義既明，說謂沈爲荆之貝，又謂若易，五之一，則沈似即假爲朋。詩小雅，『錫我百朋。』毛傳，『兩貝爲朋。』易損卦，『或益之十朋之龜。』崔憬注，『雙貝曰朋。』朋爲雙貝，故金文多作拜，即象兩貝連貫形；而說文作𠎨，云『古文鳳。』考鳳從凡聲，凡與冘（耽眈皆從冘聲）古同韻，推之沈朋自可通假也。又鄭玄箋小雅云，『古者貨貝，五貝爲朋。』竊意古時雙貝曰朋，言其制；五貝爲朋，言其直。漢書食貨志載王莽時貨貝五品，前三品皆二枚爲一朋，而直各異。莽好法古，故制如是。然則十朋之龜者，其龜當十雙貝，直貝五十，所謂若易五之一也。若此，則此荆之大，當與龜直等耳。至淺假爲賤，以二字皆從戔聲之故。沈賤非荆賤者：五貝爲朋，不作五朋爲荆，乃作十朋爲荆；知荆之貴於朋，乃以十倍之數也。說在具者：說文，『具，从𠬞，从貝省。』按具即象兩手持貝形，引申有備具之義。蓋此貝沈荆，即貝朋鼎，三品小大無缺，圜法備全；故曰說在具。

57 經『以楹爲摶』於『以爲』無知也。說在意。

說 以○楹之摶也，見之。其於意也不易先智意相也。若『楹輕於秋』其於意也洋然。

解 說文『楹柱也。摶，圜也。』以楹爲摶句引起下文，卽爲之例，與前第十四及第五十四條略同

公羊莊五年傳『以爲雖遇紀侯之殯，亦將葬之也。』何休注『以爲者設事辭而言之』陳立疏云『凡未事而億度之皆曰以爲，故爲設事辭。』嚴復譯穆勒名學部乙上篇四第二節有云『夫理不本於實測，而本諸人心所意以爲者，名曰心成之說。』又注云『西語阿菩黎訶黎(Opinioni)。凡不察事實，執因言果，先爲一說以概餘論者，皆名此種。』

本條言意之無知，大取篇謂『知與意異』是也。以爲二字，意度之詞。如謂以楹爲摶，是意也；究竟摶否，尚未可知。故於『以爲』一詞，可直謂之曰無知也。

上經第八十八條，『二人而俱見是楹也』故此曰，楹之摶也，見之。相同象。韓子解老篇『故諸人之所以意想者，皆謂之象也』孫詒讓云『秋，當讀爲萩，』按秋，萩之省文。說文『萩，蕭也。』爾雅釋草『蕭，萩。』郭璞注『卽蒿。』按蒿之大者可以爲柱，疑卽萩也。大戴禮盛德篇『周時德澤洽和，蒿茂大以爲宮柱，名蒿宮也。』呂覽召類篇『明堂茅茨蒿柱。』故此曰楹輕於萩。洋然，猶言汒然；汒洋疊韻聯綿字，義得通也。又集韻『汒亦作芒通作茫。』則茫然，猶言茫昧然，不可知之貌也。

楹之摶也，以見之故。若於未見之先而意之，則不易知矣。意者想像也。若以萩爲楹，而意楹輕於萩；則其

人之於意也，茫然無知矣。

58 **經** 意未可知。說在可『用』『過』仵。

說 ○段，椎，錐，俱事於履，可『用』也。成繪屨過椎；與成椎過繪屨同：『過』仵也。

解 此承上條言意未可知。韓子外儲說左上云，『先王之言，有其所爲小而世意之大者；有其所爲大而世意之小者：未可必知也。』正可移釋此句。可用，過仵，皆詳說語。

孫詒讓云『吳鈔本段作斷，誤。說文，「段，椎物也。椎，擊也；齊謂之終葵。錐，銳也。」詩大雅篤公劉，「取厲取鍛。」毛傳，「鍛石也。」說苑雜言云，「干將鏌鋣以之補履，曾不如兩錢之錐。」』按釋名釋言語，『斷，段也，分爲異段也。』段斷本通用。鄭箋大雅云『鍛石，所以爲鍛質也。』說文繫傳曰『椎，謂織屨畢，以椎叩之使平易也。』韓子外儲說右下云，『椎鍛者所以平不夷也。』玉篇，『錐，鍼也。』管子輕重乙篇，『一女必有一刀，一錐，一箴，一鉥。』則段椎錐三者，製履必用之，故曰俱事於履。事，猶用也。說文，『可，肯也。』按此可字，猶云當也。小爾雅，『雜彩曰繪。』玉篇，『繪，綵畫也。』則繪屨，猶云文繡之履耳。過椎者，謂製成繪屨時，須經過椎之一叩也。過仵，亦卽此過字。仵，畢沅云『卽午字異文。』孫云，『此仵當卽啎之異文。』按二說皆通。說文『午，啎也。啎，逆也。』廣雅釋言，『午，仵也。』皆是。蓋可用，過仵，相對成文。可與仵對，用與過對耳。

經謂意未可知，然間亦有可知者，論語所謂『億則屢中』是也。如意段椎錐三者俱爲製履之用，是意夫『用』之當者，卽可用也；猶云所意乎用者尙可也。若成繪屨須經過於椎，遂意成椎亦須經過於繪屨，是意夫『過』之逆者，卽過仵也；猶云所意乎過者乃背也。淮南說山篇，『先針而後縷，可以成帷。先縷而後針，不可以成衣。』與此說語略同。不可，卽仵字之義。佛典成唯識論述記卷五破勝論義云，『比有二種：（一）見同故比，見不相違法而比於宗果，如見煙時比有火等；（二）不見同故比，見相違法而比宗果，如見雹時比禾稼損，見禾稼損比有風雹。』按比者推論之義，此『意』亦然。蓋推論當則可知，推論乖則未可知也。故可用，猶之見同故比；過仵，猶之不見同故比耳。

59 **經** 一少於二而多於五。說在建位。

說 一〇五有一焉。一有五焉。十，二焉。

解 張惠言云，『建一爲端，則一爲十，是多於五。五析之，則有一者五，是一少於二也。建一以爲十，則一有五者二，是多於五也。建一爲十，累一爲二。』兪樾云，『數至於十，則復爲一，故多於五。五有一者，一二三四之一也。一有五者，一十一百之一也。』曹耀湘云，『建立也。位，上下左右之位也。珠算之法：上二，下五。上一當五，下一當一。左一而當十，右一而當一。故曰一少於二而多於五者，視其所立之位也。』按數至九而變，列子天瑞篇謂『九變者究也，乃復變而爲一。』卽其義。蓋因建位不同，遂令一二五十諸不名數，見上經第六十條解時有大小之殊也。至珠算之名，始見於北齊甄鸞周髀注；曹說雖合，似尙非本條所有。若謂其理，則自隸首作數，當已具之矣。

60 **經**「非半」弗𣃔則不動。說在端。

說 非○𣃔半，進前取也。前則中無爲半，猶端也。前後取，則端中也。𣃔必半。「無」與「非半」，不可𣃔也。

解 玉篇，「𣃔，知略切，破也。」楊葆彝云，「𣃔，同棤。」孫詒讓云，「楊說是也。集韵十八藥云，「棤，說文，斫也；謂之棤；或從斤作斮。」」此𣃔卽斮之變體；舊本作新，譌。𣃔斫同詁。」按孫說是。

「非半」爲「半」之負前詞。見上經第七十三條

𣃔半至端爲止。蓋端爲最小，𣃔至最小，不可再𣃔，卽成非半，已不能動；是非半則弗𣃔也。故曰非半弗𣃔則不動。說在端。

說文，「小，物之微也；从八，「丨」見而八分之。」段玉裁注，「八，別也；象分別之形。」按古人制字，旣謂之小，自無有較之更小者，則小必爲究盡之義。由是知八應爲半分之形；許君謂「「丨」見而八分之」，亦謂「丨」每見而半分之不已也。故曰小，物之微。然則小爲𣃔半之動象，端爲非半弗𣃔之不動象也。中庸，「至小，天下莫能破焉。」謂之至小，勢必莫破；蓋由動而靜，所謂非半之端是已。

「丨」見𣃔半，𣃔之不已，取捨隨之。進前取半，取之不已；則二半之中無可爲半。是所餘者直一至小之線而已。線由端積，攖之或盡；見上經第六十七條 茲卽盡者而言，故曰猶端也。線旣多端，復進前取，所取仍半；更歷再三，

最後所取中惟一端。故曰前後取則端中也。然斲必以半；若不以半，將失所取。所取既失，勢必爲『無』。『無』與『非半』皆不可斲。然非半者，有而非無也。

上經第六十一條云『端，體之無序而最前者也。』與此相互見意。蓋本條言斲必半，係體之有序者；言前後取，其所取乃最後者也。

莊子天下篇司馬彪有注云，『若其可析，則常有兩；若其不可析，其一常在。』又列子仲尼篇張湛有注云，『在於麤有之域，則常有有；在於物盡之際，則其一常在。其一常在而不可分。』按二說皆與本條相會。

形名家之言曰，『一尺之棰，日取其半，萬世不竭。』(見莊子天下篇) 萬世不竭者，無窮之說也。然尺棰取半，日日爲之，必至於竭。今云不竭者，蓋就無窮之『無』言耳。無窮之『無』，非斲可得；故名家謂『無』不可斲也。蓋名家認『實』以『莫不容尺』爲無窮，(見上經第四十一條) 卽謂無窮之『有』。無窮之『有』，斲至非半而止；非半又前卽窮矣。

61
經 可無也，有之而不可去。說在嘗然。

說 可○無也已給，則當給不可無也。

解 張惠言云，『本可無也，嘗有之則不可去。』又云，『給，具也。嘗已具之，則當具之。』

此似破形名家『孤駒(列子仲尼篇作孤犢)未嘗有母』之論。此論見莊子天下篇，李頤注云，『駒生有母，言孤則無母。孤稱立，則母名去也。』但名家不然，以謂駒生母在，母死駒孤。世固可以無駒，卽亦可以無母。然旣有孤駒，則母名不可去矣。?何則以孤駒嘗然有母故也。

說語與經文同意。蓋原無母名者今已具之；則當具之者不可復無也。

曩疑名家曾立『孤駒嘗然有母』之論，以與形名對揚；後細繹本條，知卽二家駁詰之語矣。蓋駒者馬子也，子必有母；則就駒之所謂（卽主詞）言，已具母義，故母名不可去也。名家責實，其言如此。

62 **經** 正而不可擔。說在摶。

說 正○丸，無所處而不中縣摶也。

解 世人皆謂正方正圜本條之正，當言正圜也。釋名釋姿容，『儋，任也。任，力所勝也。』（畢沅校本）按儋與此擔同字。摶當讀爲轉，同從專聲也。說文，『丸，圜也，傾側而轉者。』又『毬，鞠丸也。』淮南原道篇『員者常轉。』高誘注，『員，輪丸之屬也。』

正圜易轉，不可任以外力；任力則轉矣。故曰正而不可擔。說在轉。

丸爲正圜，其形如毬，隨在皆中，故曰丸無所處而不中。無所處而不中，亦正之義，故爲譬詞。莊子天下篇載惠施曰，『我知天下之中央，燕之北，越之南，是也。』司馬彪注曰，『天下無方，故所在爲中。』蓋謂地爲毬體，雖燕之北，越之南，皆可爲天下之中央也。縣轉者：今天文家謂行星皆圜如毬，縣於太空，運轉不息，此說似之。惟今人謂行星縣轉，皆有向離二力爲之引拒以致不敧，殆所謂正而擔者矣。墨家謂引無力，見前第二十六條故云正而不可擔。

63 經 宇進無近。說在敷。

說 宇○偃不可偏舉，宇也。進行者：先敷，近；後敷，遠。久，有窮無窮。

解 孫詒讓云，『說文寸部云「尃，布也。」敷義則與尃近，蓋分布步履之謂。』按敷，尃之繁文。史記司馬相如傳子虛賦，『尃結縷。』徐廣注曰，『尃古布字。』

此承上條推言之宇爲空間，所在爲中，故進行者無近遠之可言。何則？以尃步言始有近遠耳。偃，區之繁文。區不可偏舉宇也，猶云宇者不可偏舉一區也。區卽域，亦卽異所。故在一區域內進行者，其先所尃步近也；後所尃步，遠也。蓋卽以進行之先後爲近遠，決不可以進行之長短爲遠近耳。莊子天下篇釋文引司馬彪云『燕之去越有數，而南北之遠無窮。由無窮觀有數，則燕越之間未始有分也。天下無方，故所在爲中；循環無端，故所行爲始也。』亦卽此意。久，有窮無窮，譬詞也。久爲時間，原無起訖，正與宇進無近之義相同，皆所謂無窮者也；若就所行爲始而言，則爲有窮，亦與尃步先後之說相似：故得用之爲譬也。

64 經 行脩以久。說在先後。

說 行○者行者必先近而後遠。遠近，脩也。先後，久也。民行脩必以久也。

解 本條脩字皆修之借。說之遠近脩也句，爲經文行脩之簡別語。者行者必先近而後遠句，爲說在先後之說明語。

說第一者字諸之省文。然諸，古本作者；詛楚文諸侯作『者侯，』即其例。諸行者，猶云凡行者。

前第十三條解云，『域徙則長徙。』此謂行於域之修，須以時之久；故曰行修以久。何則以有先後故耳。

蓋凡行者必先近而後遠也。

先後久也，爲推辭之同者；蓋謂凡行者先近後遠即有久也。

民行修必以久也，係援辭。

65 **經** 一法者之相與兒盡。（若方之相合也。）說在方。

說 一○方貌盡或木或石，不害其方之相合也。俱有法而異，盡貌猶方也。物俱然。

解 說文『法刑也。型鑄器之法也。』則『法』本爲鑄器之型。周語注『與類也。』荀子不苟篇『五寸之矩盡天下之方也。』蓋矩爲正方之法；如以一矩兒交而成多方，其多方之相類，可以形貌盡之。呂氏春秋別類篇云，『小方，大方之類也。』即是故曰說在方；又曰方貌盡。

俱有法與經文『一法者』相對爲文。異，亦與經文『相與』相對爲文。蓋相與，即相類；猶云同也。同異，故相對。又盡貌猶(同由)方，與上文『方貌盡』亦對文。

由右說以觀，『方貌盡，』推辭之同。『或木或石，不害其方之相合也，』譬辭之同。『俱有法而異，盡貌猶方也，』推辭之異。『物俱然，』譬辭之異。但此之同異，純係廣狹之分，乃相對而非殊絕之義耳。能知乎此，其文自明。

66

經 狂舉不可以知異。說在有不可。

說 狂○牛與馬惟異：以『牛有齒』『馬有尾，』說『牛之非馬也』不可。是俱有；不偏有，偏無有。曰『牛與馬不類』用『牛有角』『馬無角；』是類不同也。若舉『牛有角』『馬無角，』以是爲『類之不同也』是狂舉也。猶『牛有齒』『馬有尾。』

解 萬物皆有同異；苟欲知異，固不可舉二物之所同具以爲異而亦不可舉人所習知之異以爲異。若舉人所習知之異以爲異，謂之狂舉。故曰狂舉不可以知異，猶云舉之妄者不可用以知異也。說在有不可者：下第七十一條說云『誖，不可也。之人之言可，是不誖，則是「有可」也』彼『有可』與此『有不可，』正遙相對。蓋有可，謂不可之中有可；有不可，謂可之中有不可也。

惟，獨也特也。牛之非馬也之『非，』在此與異字同義。

牛與馬有特異處，決不可以牛有齒馬有尾說牛之異於馬也。何則？齒尾爲牛馬所俱有：而牛不偏有齒，馬不偏有尾；又牛不偏無有尾，馬不偏無有齒故也。今謂牛與馬不類，以牛有角馬無角爲言；誠哉類之不同矣。然此就通常言之耳。若就辯者而言，舉牛有角馬無角以爲類之不同，是狂舉也。何則？蓋牛有角，馬無角，爲人人所習知之異。自辯者觀之，無爭彼之可言，無當勝之可見；與舉牛有齒馬有尾，何異？

按類與不類，俱有不俱有之別，公孫龍子通變論有反駁之文，茲不贅錄。

此云狂舉，與因明之『相符極成過』正同。正理論云，『相符極成者，如說「聲是所聞。」』窺基疏云，『對敵申宗本諍同異；依宗兩順，枉費成功。凡對所敵，立「聲所聞」，必相符故。』蓋辯之大用，在乎『爭彼』；『爭彼而勝謂之辯』當苟舉『聲是所聞』或『牛有角』『馬無角』為辯之宗，則敵我兩順，了無異義，失其辯之精神矣。故曰狂舉。又大疏云，『偏所許宗，如「眼見色」彼此兩宗皆共許故。』此牛有角馬無角，亦即偏所許宗也。偏許為宗，故謂之過。（可參閱上經第九十二條之解）

67 **經**『牛馬之非牛，』與『可之』同。說在兼。

說 牛○或不非牛而非牛也可，則或非牛而牛也可；故曰『牛馬非牛也』未可。『牛馬牛也未可：』則或可，或不可；而曰『牛馬牛也未可』亦不可。且牛不二，馬不二，而牛馬二。則牛不非牛，馬不非馬；而『牛馬非牛非馬』無難。

解 本條說語『牛馬非牛也』（意即『牛馬非牛也可』）一辭，當即形名家所立。今公孫龍子雖大半亡佚，然詳察白馬論與通變論二篇，尚可得其崖略也。蓋公孫龍『白馬非馬』之論，即其生平所持形名學之中堅；乃欲彰明其說，遂設各種比諭以佐成其義。是以白馬論謂馬馬非獨馬，（此約辭）通變論謂『羊合牛非馬，』皆為『白馬非馬』之例證。此謂『牛馬非牛，』亦可謂為『牛馬非馬，』其例正同。至『牛馬牛也未可』一辭，即由『牛馬非牛也』推出，蓋皆用之以反證其非耳。此二辭屬諸形名，乃著『故曰』或『而曰』二字於上以攝之。蓋即名家援據以資駁詰者。考上經第七十三條說云，『凡牛樞非牛。』又第七十四條說云『或謂之牛，或謂之非牛，是不俱當不當若犬。』彼犬卽喻非牛：則本條牛外之非牛，固無妨斥馬言也。故牛之對待爲『非牛，卽馬；』而『非牛卽馬』之對待，不徑謂之牛，乃謂之『不非牛，』猶云『非非牛。』然非非牛，仍卽非馬，亦仍卽牛也。茲以式表示如次：

牛－牛

非牛＝馬

不非牛＝牛

故——

不非牛＋非牛＝牛＋馬

非牛＋　牛＝馬＋牛

據上式以觀，若兼牛馬言：則『或不非牛而非牛也可』者，猶云或牛而馬也可；『或非牛而牛也可』者，猶云或馬而牛也可。然則『牛馬之非牛，』猶云『牛馬中之馬，』自與『牛馬非牛也』句不同。以甲乙**二式示之當如次：**

甲：
(1)牛………
(2)馬＝非牛

乙：
(1)牛………
(2)馬………
(3)非牛……

夫牛與馬爲二，牛與非牛亦爲二，如甲；而牛與馬與非牛則爲三，如乙。今形名家謂『牛馬非牛也，』實已爲三；故未可也。若名家謂『牛馬之非牛：』非牛卽馬，仍爲牛馬二者；故曰與可之同，說在兼也。蓋此可字爲加謂，之字爲代詞，極宜重視。其『可之』者，實與『可不非牛而非牛，』或『可非牛而牛』辭例同也。由是而言若云『牛馬之馬，』其亦可矣。然則『白馬馬也』(見小取篇)之說，何獨不可？

復次，形名家既謂『牛馬非牛，』又可謂『牛馬非馬。』而非馬卽牛；然則卽謂『牛馬牛也，』似亦可矣。但彼於『牛馬非牛也』則可；而於『牛馬牛也』則不可。然則或可；或不可：所謂『牛馬牛也未可』

之說，當亦不可矣。

且所謂『牛馬』者：牛一而不二，馬一而不二；必兼牛馬乃始爲二。然則牛不非牛而卽爲牛，馬不非馬而卽爲馬；無已，則謂『牛馬非牛非馬，』庶幾無有難之者。

68 **經**『彼彼此此』與『彼此』同。說在異。

說彼〇正名者『彼此』。彼此可：『彼彼』止於彼；『此此』止於此。彼此不可：彼且此也；此亦可彼。彼此止於彼此。若是而彼此也，則彼彼亦且此此也。

解 本條『彼彼此此』爲形名家言，名家乃引而駁之耳。考公孫龍子名實論曰『其名正，則唯乎其彼此焉。……故彼彼當乎彼，則唯乎彼，其謂行彼。此此當乎此，則唯乎此，其謂行此。其以當而當也。以當而當，正也。故彼彼止於彼，此此止於此：可。彼此而彼且此，此彼而此且彼：不可。』蓋龍輩以『謂彼而彼』卽『彼彼』，『謂此而此』卽『此此』，均爲不當爲亂；必彼彼而又當乎彼，此此而又當乎此，方可云當云正也。然名家乃辯之曰：正名者惟有彼此之異，故彼彼此此可與彼此同耳。若以彼此爲可以正名：則彼彼之云仍止於彼，此此之云仍止於此，其義固無增損也。若以彼此爲不可以正名：則彼將爲此，此亦可爲彼，名乃混矣。故就名正之彼此言，則彼此止於彼此，固無須云彼彼此此也。但就名不正之彼此言，則不獨彼將爲此，亦可云彼彼將爲此此，而其不當乎彼此自若也，豈可謂之爲正哉？

69 **經**唱和同患。說在功。

說　○唱無過，無所周若粺。和無過，使也不得已。唱而不和，是不學也。智少而不學，功必寡。和而不唱，是不教也。智多而不教，功適息。使人奪人衣，罪或輕或重。使人予人酒，義或厚或薄。

解　患，串之繁文；然古亦通用。詩皇矣篇，『串夷載路。』毛傳，『串，習也。』釋文，『串本作患。』即其證。曹耀湘云『串與貫同。唱，教也。和，學也。貫，習也。同貫者猶云教學相長也。功者凡有益於人有益於己皆有功也。』按曹說是。唱和同串，亦猶先後相資。蓋有爲之先者，所以彰其美也；有爲之後者，所以傳其盛也。故曰說在功。

玉篇，『過，度也，越也。』正韻，『過，超也。』若，猶或也。粺，當假爲裨。說文，『裨，接益也。』曹云，『適，祇也。』前唱者無先達之士，則教之不徧而無所受益；隨和者無後進之士，則學爲人役而由不得已。然此猶有唱之和之也。若唱而無和，則人不學也；智少而不學，其功必寡少。和而無唱，則人不教也；智多而不教，其功祇自息滅矣。使人奪人衣者：其奪衣之罪輕，而使人之罪重。蓋教之所係者大也。使人予人酒者：其使人之義薄，而予酒之義厚。蓋學之所需者急也。

孟子公孫丑篇引孔子曰，『我學不厭而教不倦也。』子貢曰，『學不厭，智也；教不倦，仁也。』尸子勸學篇云，『學不倦，所以治己也；教不倦，所以治人也。』荀子法行篇云，『少而不學，長無能也；老而不教，死無思也。』呂氏春秋尊師篇云，『故教也者，義之大者也；學也者，知之盛者也。義之大者莫大於利人，利人莫大於教；知之盛者莫大於成身，成身莫大於學。』皆與本條之旨相會。

70 **經** 聞所不知若所知，則兩知之。說在告。

說 聞○在外者所知也。或曰，『在室者之色，若是其色。』是所不智若所智也，猶白若黑也，誰勝？是若其色也；若白者必白。今也智其色之若白也，故智其白也。夫雜所智與所不智而問之，則必曰『是所智也；是所不智也。』取去俱能之，是兩智之也。（外，親智也。室中，說智也。）

解 上經第八十條『知聞。』說云，『傳受之，聞也。』若，與也。說謂『夫雜所知與所不知而問之，』正作與，可證。兩知說謂『取去俱能之』即其義。說在告者：前第九條說云，『告之使知也。』蓋當以所不知者告之使知；故耕柱篇謂『不以人之所不知告人，以所知告之』爲未得。

在外者所知也；在室者所不知也。或曰在室者之色，若在外者之色；則所不知與所知，猶白與黑也。白與黑究誰勝是？（經說上第八十九條，『兩絕勝，白黑也。』）設其室之色若在外之白者，則其室之色必白。今既知其色之若白，故知其白也。夫雜所知之白與所不知之黑而問之；則必告之曰，白所知也，黑所不知也。今取白去黑，俱能不紊；則在外者與在室者兩皆知矣。

親知說知，詳上經第八十條。

貴義篇記子墨子曰，『今瞽曰，「鉅者白也；黔者黑也。」雖明目者無以易之。兼白黑，使瞽取焉，不能知也。故我曰「瞽不知白黑」者，非以其名也，以其取也。』又非攻上篇，『今有人於此，少見黑曰黑，多見黑曰白，則以此人不知白黑之辯矣。今小爲非，則知而非之；大爲非攻國，則不知非，從而譽之，謂之義。可謂知義與不義之辯乎？是以知天下之君子辯義與不義之亂也。』其言正可援以釋此。

71 **經**『以言爲盡誖』誖。說在其言。

說 以○誖，不可也之人之言可，是不誖，則是有可也。之人之言不可，以當必不審。

解 前第五十七條，『以楹爲摶於「以爲」無知也。』此謂『以言爲盡誖，』所意以爲，亦屬無知之說；故曰誖。其言者貴義篇記子墨子曰，『吾言足用矣；以其言非吾言者，是猶以卵投石也。』畢沅謂太平御覽引『其言』作『他言』，按其他義同。蓋『以言爲盡誖』爲一言，此外皆他言，即其言也。墨子之意，以謂吾言甚爲足用，他言背謬者必不能立。苟以他言而非吾言，直若卵之投石矣。然本條之意，乃以一言爲誖，他言不誖；故曰說在其言。

之人，即指立言之人。

誖者不可之謂也，可者不誖之謂也；則誖與不誖，即可與不可耳。

此人立『以言爲盡誖』之一言；苟此言可，即是不誖。然則盡誖之中，亦有可者在，則立者矛盾矣。苟此言不可，即是誖。然他言不必盡誖，而以此一言當之，必不審確矣。

此似破莊老之說。莊子曰，『辯也者有不見也。』『大辯不言。』『言辯而不及。』『道不可言，言而非也。』老子曰，『不言之教。』『大辯若訥。』『知者不言，言者不知。』『善言不辯，辯言不善。』似皆以言爲盡誖者，故非之也。

本條與因明『自語相違過』正同。大疏曰，『理門論云，「如立一切言皆是妄。」謂有外道立「一切言皆是虛妄」，陳那難言「若如汝說諸言皆妄，則汝所言稱可實事；既非是妄，一分實故便違有法「一切」之言。若汝所言自是虛妄，餘言不妄，汝今妄說，非妄作妄；汝語自妄，他語不妄，便違宗法「言皆是妄」。故名自語相違。」』按本條『以言爲盡誖』之一言爲妄，則其言不妄；即陳那『汝語自妄，他語不妄』之意。

72 **經** 唯吾謂『非名』也則不可。說在仮。

說 唯◯謂『猶是霍』可而『之非夫霍也』；謂『彼是是也』不可。謂者毋唯乎其謂。『彼猶』唯乎其謂，則吾謂必行。『彼』若不唯其謂，則不行也。

解 孫詒讓云『說文口部「唯，諾也。」言部「諾，譍也。」唯吾謂，言吾謂而彼應之。若非其正名，則吾謂而彼將不唯，故不可也。仮亦與反同。』按孫讀唯吾謂一逗，似非；此當作一句讀，猶云吾謂『非名』以彼爲此而人唯之則不可也。故曰說在仮。仮反之繁文，蓋以謂者與唯者之意相反也。

猶是霍，前第五十三條作『猶是臛』，皆即前第八條之猶氏霍，亦即猶字鶴之非夫霍也，猶云此非彼鶴也。彼是是也，猶云彼是此也。毋疑假爲務。非命中篇，『毋僇其務』，書泰誓作『罔懲其侮』。詩小雅常棣篇，『外禦其務，』左僖二十四年傳及孟子皆引作『其侮。』侮毋音近古通，故毋得借爲務也。又莊子德充符篇『伯昏無人，』列禦寇篇作『伯昏瞀人。』蓋無之通作瞀，正猶毋之通作務耳。

謂猶字之爲鶴者可也。然此鶴爲猶之字而非彼鶴鳥可比，則此鶴爲『非名，』而謂彼鶴卽是此鶴，不可。夫謂者務欲人之唯乎吾謂。苟吾所謂者『彼猶』而人唯之，則吾謂必行。若吾謂彼猶而人意在彼鶴，因不唯之，則吾謂不行矣。

73 **說**無窮不害兼。說在盈否。

說無○『南者』有窮則可盡；無窮則不可盡。有窮無窮未可智，則可盡不可盡亦未可智。『人』之盈之否未可智，而恐人之可盡不可盡亦未可智，而必人之可盡愛也，誖。人若不盈无窮，則人『有窮』也；盡有窮無難。盈無窮，則『無窮』盡也；盡无窮無難。

解　墨子倡兼愛之說，其言至爲閎遠；時有『別士，』(二字見兼愛下篇) 不明其故，以謂天下無窮，安得盡天下之人而兼愛之？本條乃駁之曰，『無窮不害兼。』何以故？以人之盈無窮或不盈無窮皆無難故。

南者，南方，皆爲戰國常語；惠子謂『南方無窮而有窮，』(見莊子天下篇) 荀子謂『南者之不可盡，』(見正名篇) 是也。竊意戰國以前，吾華民族皆起河朔，其遠征之民意皆在南，故有司南之器以爲之導也。蓋東有瀛海，西北大漠，不易前往；惟南可耳。韓子有度篇謂『先王立司南以端朝夕。』舊注，『司南，卽指南車也。』器名司南，其故可想；豈非先民以南爲拓殖地而制此器歟?及戰國末年，鄒衍剏大九洲之說，始謂『方今天下，在地東南，名赤縣神州。』王充駁之曰『天極爲天中；如方今天下在地東南，視極當在西北。今極正在北方今天下在極南也。以極言之，不在東南。鄒衍之言非也。』見論衡談天篇 尋繹王說，必有所承；蓋墨惠及荀皆言南方南者，相傳若是，仲任或即襲之耳。

南者有窮則可盡，無窮則不可盡。有窮無窮未可知，則可盡不可盡亦未可知。人之盈之否未可知，而愛人之可盡不可盡亦未可知；而必人之可盡愛也，誖。以上文極明白。蓋南者無窮，人若不能充滿，則人有窮也。既有窮而盡愛之，何難之有?反之，人苟充滿，則所謂無窮者仍有盡也；如是而盡愛之，亦不難矣。

74 **經** 不知其數而知其盡也。說在問者。

說 不○不智其數，惡智愛民之盡之也?或者遺乎其問也。盡問人，則盡愛其所問。若不智其數而智愛之盡之也無難。

解 此承上條推論之。蓋不知天下之人數而知其盡愛，可以問者之數而定。問字頗與管子問篇之義相近，殆猶今所謂統計（Statistics）耳。

不知人數之多寡，何以知其盡愛耶?或者有失乎其問也。凡盡我所問之人，即盡我所知之人也。盡我所知之人而盡愛之，即兼愛矣。故不知其數而知愛之盡之也無難矣。

75 **經** 不知其所處，不害愛之。說在喪子者。

說……………

解　此仍申言不知人之所處而亦可及其愛也。曹耀湘云，『喪出亡在外也。子，人所至愛也。亡子不知其所處而其愛之也相若。』按曹說甚是。

76 經 仁義之爲外內也冈。說在仵顏。

說 仁○仁愛也。義利也。愛利，此也。所愛所利，彼也。愛利不相爲內外，所愛所利亦不相爲外內。其爲『仁內也義外也』，舉『愛』與『所利』也。是狂舉也。若左自出右自入。

解　此辯『仁內義外說』之非。孟子載告子之言曰，『仁，內也，非外也；義，外也，非內也。』考管子戒篇亦有『仁從中出義從外作』之語。惟管子時代頗後，則此仁內義外說大氐起於告子；或稍先於告子，亦未可知。墨家不然其說，謂之爲『冈』；冈即說『狂舉』之義。仵顏，亦即說『左自出右自入』之意。仁愛也義利也：爲墨家所立之界。愛利，猶云能愛能利，與所愛所利對文。故梁啓超云，『能愛能利者我也，所愛所利者彼也。能愛能利，俱內；不能謂能愛爲內，能利爲外。所愛所利，俱外；亦不能謂所愛爲內所利爲外。今謂仁內義外者，於愛則舉能，於利則舉所；是猶左目司出而右目司入也。非狂舉而何?』按梁說是；惟目似無出入可言。茲校作自者：說文『自，鼻也；象鼻形。』又皇字下云，『自，讀若鼻。』則此猶云左鼻司出氣，右鼻司入氣，必無此理。蓋以鼻氣出入而分左右，即所謂仵顏，亦即所謂狂舉耳。

本條似與因明『現量相違過』相近。正理論謂『現量相違者，如說「聲非所聞」』蓋聲爲所聞，屬現量智；今說反是，則與現見之事實完全不符，故得爲過。此仁內義外說亦顛倒自相之智，顯與現體相背，因曰狂舉。其以左鼻出右鼻入爲譬者，鼻在顏面，一見卽知；今逆現見而妄生分別，故曰忤顏。

77

經『學之無益也。』說在誹者。

說學○也以爲不知『學之無益也，』故告之也；是使智『學之無益也，』是教也。以學爲無益也教，誖。

解 此『學之無益也』爲戰國時人之言，本條特引之以資駁斥也。上經第三十條云，『誹，明惡也。』說文，『誹，謗也。』則此『誹者』猶云有惡於學而謗之之人。蓋以學爲有益者必不謗學；而謗學者方仞學爲無益，因發此言耳。竊意時至春秋，失學者多；故左昭十八年傳載周大夫有原伯魯者不說學，閔子馬曰，『夫必多有是說而後及其大人。大人患失而惑；又曰，「可以無學，無學不害。」不害而不學則苟而可？』逮至戰國，其風更盛。如墨子南遊使衞，關中載書甚多，弦唐子見而怪之。(見貴義篇) 又有二人遊於其門，墨子謂其一曰，『盍學乎？』對曰，『吾族人無學者。』謂其他曰，『子不學則人將笑子』；故勸子於學。』(皆見公孟篇) 故淮南書(按淮南書多記先秦故說)曰，『世俗廢衰而非學者多。』又曰，『夫學亦人之砥錫也；(上文言磨劍用砥，扢鏡用錫) 而謂「學無益」者，所以論之過也。』(皆見修務篇) 是以戰國諸子每作勸學之篇以勵世俗，將以救其敝也。本條乃列『學之無益』以爲敵宗而斥之曰『誹者，』蓋欲著其誖耳。

說卽駁其矛盾之處，以明其辭之不能立也。句首也字，他之省文，墨子數見，茲不贅引。他者彼也，卽指立言之人。蓋彼輩立此『學之無益』之一辭者，其意以爲世人不知『學之無益』之理，故舉以告之。然旣舉以告之，是欲使人知『學之無益』也。旣告人使知，非教之而何？夫教之者原欲使人知我言之有益而學之也；今乃以學爲無益而又教之，其誖顯然矣。

本條頗似因明『世間相違過』。大疏曰：『此有二種：（一）非學世間，除諸學者所餘世間所共許法；（二）學者世間，卽諸聖者所知麤法，（按蘊處界三科）若深妙法，（按離言眞如）便非世間。』按此『學之無益』一辭，實犯二者。蓋無論學者世間及非學世間，皆謂『學之有益』；（如老子所謂『爲學日益』）今竟反之，故謂之過。

78 **經** 誹之可否，不以衆寡。說在可非。

說 誹○論誹之可不可以理之可非，雖多誹，其誹是也。其理不可非，雖少誹，非也。今也謂『多誹者不可』，是猶『以長論短』。

解 此謂誹之可與不可，不以多誹少誹爲準，當視理之可非與不可非以爲斷。

就誹之可不可論之：苟理有可非者，雖多誹，其誹是也。苟理有不可非者，雖少誹，其誹非也。今不揣理之可非與不可非，而謂多誹者不可；是猶以長論短。以長論短，疑本當時成語。論同倫，卽比倫之義。以長比短，殆與孟子『不揣其本而齊其末，方寸之木可使高於岑樓』同意；故此用以爲譬。

呂氏春秋不屈篇，『誹汙因汙，誹辟因辟，是誹者與所非同也。』蓋卽此所謂理之可非，其誹是也。

淮南氾論篇云，『夫弦歌鼓舞以爲樂，盤旋揖讓以修禮，厚葬久喪以送死，孔子之所立也；而墨子非之。兼愛，尙賢，右鬼，非命，墨子之所立也；而楊子非之。全生，保眞，不以物累形，楊子之所立也；而孟子非之。』按戰國諸子互相攻難，同門異戶，概所不免；而其尤者，殆莫過於莊生所謂『儒墨之是非，以是其所非，而非其所是。』（見齊物論）疑當時本有『多誹者不可』之論；如莊生輩『不譴是非，以與世俗處，』（見天下篇）不辯爲宗，或有此言也。墨者常以辯勝爲當，故本條駁之。

79

經 非誹者諄。說在弗非。

說 ○不非，『非己』之誹也，——『不非』誹。誹可非也；不可非也：是不非誹也。

解 張惠言云『誹皆當，則非誹者諄。』孫詒讓云『弗非，卽當理之謂。』曹耀湘云『非誹者，謂人誹我而我非之也。是非之爭不能平，諄矣。弗非者，在我無是非之見也。心忘是非，然後能外忘毁譽。』按『非』與『弗非』或『不非』對文；『誹』與『非誹』對文；『非誹』與『不非誹』亦對文。此謂誹之不非者爲正；（上經第九十六條『正無非』）則誹之非者諄矣。

『不非』『非己』之誹也，——『不非誹』者：說文，『𢀩，別也；從非己。』段玉裁注，『己，猶身。非己，猶言不爲我用。會意。』按墨家持『損己』（見上經第十九條）之說；故大取篇云，『舉「己」非賢也。』己涉於私；苟爲己私而誹人，則其所誹者必非矣。是以誹之爲言，當以不非爲本。故不非之誹，卽非己之誹，猶云不爲我用誹也。此因經文弗非二字，恐致不明，乃又加以簡別耳。

誹有二：有可非者；有不可非者。經文謂非誹者誖，乃就不可非之誹而言。蓋知可非不可非之别，即不非之誹也。故曰說在弗非。

80 **經** 物甚不甚。說在若是。

說 物〇甚長甚短。莫長於是；莫短於是。是之『是也非是也』者，莫甚於是。

解 此言物非絕對，以比較而定；而比較須循標準也。若者順也。是者題之省文，卽標準之義。則若是者，猶云順其標準也。

長可以至於無窮，短亦可以至於其極，二者皆有究盡之義，所謂甚也。然就標準而言，則長者莫長於標準，短者亦莫短於標準，此所謂不甚也。慎子曰，『有尺寸者，不可差以長短。』蓋以尺寸爲標準，則凡天下之長短，必皆如其尺寸而莫能外矣。雖然，尺寸亦不齊也，標準亦非一也；故『題』又有『題』與『非題』之分。題與非題，設欲齊一，仍須應以標準，亦且莫甚於標準。故曰物甚不甚，說在若題。

81 **經** 取下以求上也。說在澤。

說 取〇高下以善不善爲度。不若山澤。處下善於處上，下所請上也。

解 本條似駁老子之學。老子之學，舉凡高下貴賤堅柔強弱動靜大小多少先後有無等類，莫不取其次者，終以致勝。故其說曰，『反者道之動；弱者道之用。』王弼注曰，『高以下爲基，貴以賤爲本，有以無爲用，此其反也。』蓋老子以謂『天之道其猶張弓與！高者抑之，下者舉之。』故曰，『大國者下流，（疑讀爲疏）天下之交。牝常以靜勝牡，以靜爲下。故大國以下小國，則取小國；小國以下大國，則取大國。故或下以取；或下而取。』又曰，『善用人者爲之下，是謂不爭之德。』又曰，『欲上民，必以言下之。』故曰，『受國之垢，是謂社稷主；受國之不祥，是爲天下王。正言若反。』蓋其取下以求上之理，可謂揮發無遺者矣。說在澤者，澤爲卑下之處，故老子常用水地江海淵谿諸名以揭其說曰，『天下莫柔弱於水，而攻堅強者莫之能先，以其無以易之也。』『江海所以能爲百谷王者，以其善下之。』『居善地，心善淵。』『知其雄，守其雌，爲天下谿。』皆其證也。

高下以善不善爲度者，推辭之同也。度者度其取也。蓋老子既謂江海善下而心善淵，則已度其下爲善，高爲不善矣。

不若山澤者，讐詞之異也。夫山高澤下，或善則俱善，或不善則俱不善；然無以澤下爲獨善者矣。故曰不若。吾嘗以惠施爲墨者後學，其言有曰『山與澤平。』（荀子正名篇作『山淵平，』淵澤同義。）平者齊等之義。蓋卽謂山澤之高下無善不善可度耳。故惠子之學去尊，（見呂氏春秋愛類篇）正猶『墨子貴兼』（語見尸子廣澤篇）之旨；非若老子將欲求上而先取下以釣之者可比也。本條駁辭卽在此句，其式特異。

處下善於處上，頗似侔辭。老子亦言『強大處下，柔弱處上。』故處下較之處上爲善也。

下所請上也，係援辭。廣雅云『請，求也。』則此猶云下所求者上也；而其義益明。

82 經 不是與是同，說在不州。

說　不〇是是，則是且是焉。今是，是於是而不是於是；故『是不是。』是不是，則是而不是焉。今是不是於是而是於是；故『是』與『是不是』同說也。

解　廣雅，『州，殊也。』此云不是與是同，蓋以二者不殊之故。前第五十一條說云，『且，必然。』則此且字當有必然之義。本條似破形名家『是不是』之說。（詳形名發微）形名家本持『是不是』『非不非』『可不可』『然不然』諸義，此特舉一以概其餘耳。

經下篇下截共四十一條完

墨經易解校讀

上經——經上，經說上

1 說『有之必然，』原作『有之必無然。』章炳麟謂『無』是羨文；茲據刪。

6 經『恕，』顧廣圻據道藏本校作『𢜔，』謂卽智字，並改說之二恕字作𢜔。孫詒讓從之，又引吳鈔本經亦作𢜔爲證，近治此經者多沿用之。按諸校未審。舊本恕字固不誤；道藏本吳鈔本說亦不誤，經偶誤耳。茲定作恕以仍舊貫。

7 說『不若愛馬者，』原作『不若愛馬著若明。』孫謂『著』當爲『者，』並衍『若明』二字。茲據正。

15 經『狂自作也，』原作『佴自作也。』說『狂與人遇入衆愲，』原作『佴與人遇人衆愲，』按佴字細繹文義，似不類。下第七十一條言『佴，』列於『仳次法』三者之後，應不誤。此處次條出『諿，』疑『佴』當作『狂；』狂佴，篆書形似致譌耳。『人衆，』

據曹耀湘改作『入衆。』

17 說『知其心所䵋也，』原作『知其也䵋也所。』畢沅謂一本作『知其思耳也。』孫謂別本作『思耳，』顧校季本同。按此疑當作『知其心所䵋也。』上『也』字，篆文與『心』字相似致誤。『所』字應乙轉在『䵋』字上；畢張惠言孫各家皆屬下條讀非。

23 24 兩條之說，僅有標題；張謂或有闕文，是也。孫謂疑以『臥夢』義易明，故述而不說。按不說當無標題，孫說非也。

28 說『南北之，』原作『南北譽之。』按譽字爲次條牒經標題，與『之』倒誤；茲乙正。

30 說『止其行也其言之怍，』原作『必其行也其言之忻。』按此與上條全同，僅少下句，定有錯誤。疑『必』當爲『止。』以『止』草書似『心，』初誤爲『心；』後又以『心』無義，照上改爲『必』耳。今據文義改作『止。』『忻，』據梁啓超改爲『怍。』

31 說『以之名擧彼實也：』『之，』原作『文。』孫謂此篇『之』多誤爲『文，』此『文』亦當作『之。』『之名，』猶言『是名，』與『彼實』相對。按孫校是，據改。

32 經原文：『言出擧也。』說原文：『故言也者諸口能之出民者也民若畫俿也言也謂言猶石致也。』按此經說多誤。小取篇有『以說出故』之語。疑此原亦作『言出故也。』或讀者援『舉』釋『出』而旁識之，校者復以『故』爲承接字，因刪『故』存『舉』致誤也。茲查說之第二字卽『言』，『言』應爲標題；則第一『故』字應乙轉，讀作『故也者』云云，卽承經文『故』字以爲簡別之語耳。此例本經頗多，如後第四十五條第六十四條第七十一條等皆是；則經文之當作『出故』，『出故』益可徵信。說之兩民字及石字，孫謂皆爲『名』字之誤。按三字篆文皆形似致誤；茲據校改。

33 **經** 原文：『且言然也。』茲乙作『言且然也。』

說 末原有『若石者也』四字，俞樾謂涉下句『君以若名者也』而衍，又誤『名』爲『石』耳。茲據刪之。

35 **說** 原文：『功不待時若衣裘』七字重。畢張疑衍。孫謂吳鈔本亦無，據刪。按諸校未諦，疑僅衍『不……若衣裘功』五字耳。

36 **說** 『上報下之功也』一句，錯在下條『殆姑』之下。孫謂六字當在『罪不在禁』上，乃述經語而未著說；今本貿亂不可通。按孫校是，據改；惟謂此六字乃述經語而未著說，非。蓋此本爲說語而非經文，經文乃三墨刪存時合併者；自後門弟子又以之作說，因而經說全同耳。後第三十八條同。別詳墨經證義

37 **說** 梁謂『若殆』譌爲『殆姑』者：『殆』以形近譌爲『姑』，校者或將原字注於上，遂疊一『殆』字；再校者或又因『殆若』形近，逕改『若』爲『殆』耳。按梁校近是，暫據改。惟梁說太曲。此疑初誤『若』爲『苦』，校者改爲『姑』；繼誤爲『殆』，而又倒寫耳。

39 此處原以『同異而俱於之一也』爲第三十九條；說同『久彌異時也守字誤彌異所也』合爲第四十條。說同若以上文『功罪賞罰』各自爲條，及旁行句讀表『同異』條正當下截之『同異交得』條，互相考校，疑『同異』條應移歸下截言同異處，俾從其類；而『久宇』亦應分爲兩條，以循本經通例。頃閱梁氏校釋旁行表，業加改正，足徵心理之同。今更毅然改定，達者諒勿訾也。

說 原文『今久古今且莫』。胡適謂上『今』字是『合』或『△』之誤，本在『久』字下；寫者誤以爲『今』字，乃移於上。王引之謂『且』當爲『旦』。按二校皆是，據

改正。

40 經『宇，』原誤『守；』據王校改。

說原文：『宇東西家南北。』胡謂『家』乃『冢』之誤。冢，卽蒙字。寫者不識，誤改爲『家；』又以其不可通，乃移下兩字以成三字句耳。按胡校是，照改乙。

46 經原作『音利大益。』孫以『大益』二字爲一條。注云『無說，未詳其義。此與前云「損偏去也，」損益義似正相對；疑謂凡體損之則小，益之則大也。以旁行句讀次第校之，疑當在「巧轉則求其故」句上，錯箸於此，而又佚其說耳。』又『音利』二小字，原在『服執說』條下。畢謂『音利』二字，舊注，未詳其義。孫云，『疑「音利」當爲「言利」二字本是正文，誤作小注；校者不憭，又改「言」爲「音」。此以「服執說」爲言之利。』按孫以『大益』二字置諸『巧轉則求其故』句上，別作一條，謂益與損對；又以『音利』本作『言利』爲正文，核皆極是。蓋如孫校，則『言利大益』應爲一條也。惟孫又以『言利』與『服執說』併作一句，甚誤。竊意本條當作『益言利大，』正與上條『損偏去也』相對。因『益』字誤倒在下，成『言利大益；』校者竟以『大益』二字，割置『巧轉則求其故』句下，而『言利』二字始無歸宿。迨後又改『言』爲『音』，注『說』字下以爲音讀，大錯鑄成矣。茲改正於此，敢質達者。（別詳經上旁行句讀表）

說原在次條，似非其義；茲移『昫民也』三字於此。此因全文錯亂，標題亦佚去；乃空一格以示闕，後仿此。

48 說『若期貌常』：『期，』原作『斯，』形近致誤。茲改正。

49 說『若戶樞免瑟』：『若，』原誤『者。』茲據曹耀湘改正。

50 說『若矢過楹』：『矢，』原誤『夫。』茲據王改正。

51 說標題『必』字下，原有『謂臺執者也若弟兄』八字，查屬次條之說，錯簡在此；茲乙正。

52 說曹謂此條闕題字，又錯簡在上條『必』字下，『一然者』上。按曹校不誤，據乙。

53 經多讀『同』字一逗，梁因刪去『長』字，皆非。蓋以後經文言『同』甚多，所釋名義均洽，此處不應雜出『同』字。茲據王闓運以『同長』連讀爲是；說亦言『同長』

可證。

說『楗，』原作『捷，』畢謂一本作『楗；』孫謂吳鈔本作『揵。』兹定作『楗。』

54 說『中心』二字，原倒誤。兹乙正。

56 57 按二條無說。

58 說原文『規寫支也。』孫謂『支，』吳鈔本作『支。』下同；疑當爲『交』之誤。按孫校是，據改。（按孫云，寫，謂圖畫其像。又引周髀云，笠以寫天。趙爽注云，寫猶象也。竊意『寫』即『爲』之譌字。干祿字書謂『象』通作『爲，』又北齊南陽寺碑，『象』作『爲，』並與『寫』字形近；因疑周髀『寫』字，亦『爲』之譌。考工記云，『輪人爲蓋以象天。』又云，『蓋之圜也，以象天也。』周髀卷下亦有『天象蓋笠』之句，均不用『寫』字。且此趙注亦云，『笠亦如蓋，其形正圓，戴之所以象天。寫，猶象也；言笠之體象天之形。』其『寫』仍訓爲『象，』知本或作『爲』也。但作『寫』亦可通，故不改。）

59 說原文『矩見支也。』『見支，』疑作『皃交，』皆形似致誤。

62 說『門耳』二字，原誤合爲『聞』字；校者謂爲『間』之譌字，似非。

63 說標題『間』字，原誤作『聞，』茲據畢改。『前於區』下，原衍『穴』字；疑校者依下文增『內』字，讀者復據前第四十八條『區穴』改『內』爲『穴』而誤。茲照梁刪。梁疑說末『及及非齊之及也』七字，爲後學案識之語，羼入本文。按疑三墨門人所識，茲以括弧別識之；但第二『及』字，疑『乃』之誤。

66 說標題『堅』字，原錯在『得二』下，茲乙。『於石，』原作『於尺。』孫謂此上下文雖多云『尺，』然此『尺』實當作『石，』『石』形近而誤。經說下『廢石於平地，』『石』亦譌『尺』可證。按孫校是，據改。

67 說『端與端：』『與，』原誤作『無；』據張改。『尺與端，』原缺『端』字。孫謂此當有『端』字，誤錯箸於後。按錯箸於後之『端』字，卽在末句『不相盡』下，孫校是也。茲據移正。

68 經首一字原誤作『似，』據孫依說改正。『以有相攖，』原倒作『有以相攖。』下文『有不相攖，』則此亦應作『有相攖，』相對爲文也。茲乙。

69 經下半句原作『不攖攖，』張謂衍一『攖』字。孫謂當作『不相攖，』非衍文。按孫校是，照改。

72 按本條無說。

73 經首『彼』字原誤作『攸，』據張孫校正。『不兩可也，』原作『兩不可也，』與上連讀成句。茲據文義，上『不可』二字讀絕，因乙轉『兩不』二字。梁謂下『不可』二字舊衍，乃竟刪之，非。

74 說『或謂之非牛，』原缺『或』字，茲據明陸穩刊本增。『必或不當，』畢本作『不必；』孫據道藏本吳鈔本刪『不』字。按陸本亦無此『不』字。『不當若犬，』原文『當若』二字倒；茲據胡校乙。

75 說『愼之，』原作『愼文；』『得刀，』原作『得力：』均據孫校改。『則弗欲趨也，』原無『欲』字；茲照上下文例補。『惟食脯而非恕也』句：『惟食』二字，原合爲『難』字。王闓運謂此『難』當爲『食，』曹改作『惟養』二字，各得其半。茲改作『惟食』二字者，『難』爲『惟食』二字之誤合形。蓋『惟，』隸書作『惟；』『難』字去『食，』

與『帷』正相似耳。『所爲與所不爲，』原誤作『所爲與不所與爲；』茲據張曹乙
刪。
77 **經**『爲，』原作『謂。』孫云，『吳鈔本作爲。』茲據改。但『爲謂』二字，古本通用。**說**『爲
也，』原亦作『謂也。』茲照經改以免參差。
78 **說**『若姓字儷，』原誤作『若姓宇灑。』畢張皆校『宇』爲『字，』是也。曹梁皆校改
『灑』爲『麗，』似非。
79 **說**『命也』之『命，』經文作『移。』孫改說之『命』爲『移；』梁改經之『移』爲
『命。』然疑本條乃一例外，在經言『移，』在說言『命，』相互見意；故兩仍之。『狗
吠，』原作『狗犬，』與上句複；疑此『犬』字脫一口旁耳。
80 **經**『聞，』原誤『閒；』茲據畢依說校改。
82 **說**『特，』原誤『時；』據孫改。
83 **說**標題『合』字原誤作『古，』茲從楊葆彝據經改。『幷立，』原作『兵立；』據曹校。
孫謂『兵，』吳鈔本作『力；』按『力』亦『幷』之爛脫字耳。

84經首『舌』字，原誤作『且，』又倒誤在二句之間；茲據梁校改乙。

說『舌舌者兩而勿必，』原作『聖者用而勿必；』孫謂『聖』或當爲『正。』按『聖』疑卽『舌舌』誤合爲一者。『舌舌』二字，一爲標題，一爲說之首字也。集韻四十五勁云，『聖，唐武后作𨑀。』又今所見唐岱嶽觀碑作『𨑀，』係從『長舌王』三字。因疑此『舌舌』誤合，加『長』爲『𨑀』後又改爲『聖』耳。『用，』與『兩』形近致誤；據下句改。『必也者可勿疑』六字，疑三墨門人案識之語，以示別於上條之『必』字耳。茲以括弧別識之。『權者，』原作『仗者；』孫謂二字草書形近而譌，據改。

85說『亭』原作『早，』疑因篆文形似致誤。『病亡也』句，據文例，疑脫去一字。『黽，』原作『買，』形似致誤；茲改之。（孫云，『買疑當爲「鼠。」列子天瑞篇，「田鼠之爲鶉。」蓋古說鼃鼠二者皆能化爲鶉，故上文既以「鼃」釋「化，」此又兼舉「鼃鼠」二者以盡其義；兩文雖異而義實同也。「鼠，」漢隸或作「胥，」見仙人唐公房碑；與「買」形極相似，因而致誤。或云，「買」當爲「𦎧，」卽「鶉」之省；亦可備一義。』曹云，『「鼃，」原訛作「買。」鼃化爲鶉，鼃化爲蛤，是化也。上文云，「化，若鼃爲鶉。」』

禮記云,「爵入大水爲蛤。」』按孫曹二說皆通;惟曹校『爵買』二字,不甚相似。孫引列子,形義皆安;但不知鼠亦能化鴽否?竊意禮記月令篇,呂氏春秋季春紀,淮南時則篇,皆云『田鼠化爲鴽。』高誘注,『鴽,鶉也。』列子作『田鼠之爲鶉,』上文作『若鼃爲鶉;』疑田鼠亦鼃之別名,殆猶今謂鼃爲田雞也。魯問篇,『餌鼠以蟲。』鼠卽田鼠,亦卽鼃,故云餌以蟲也。玆錄此說,將質諸博物君子。)

87 經『不體,』原脫『不』字;據畢補。孫謂吳鈔本亦不脫。

88 本條原在前第三十八第四十兩條之間,疑係旁行句讀,排列貿亂;玆移歸下截此處以復舊觀。餘詳上文第三十九條校語,可覆閱。

經孫於『同』下發注;下云,『謂合衆異爲一:』則孫讀『同』字一逗可知。自後梁胡等皆依之。胡並照補『求異』一條,以强附於密爾(Mill)之『求同求異法,』殆非也。蓋上經各條,以首一字小逗者固多,而讀法參差者亦不少。本條『同異』二字,似應連讀;一以承上二條同異之分稱,一以啓下條同異之交得,實顯而易見之事也。

說『若事君,』孫謂『事,』舊本作『是;』今據道藏本吳鈔本正。按明陸穩刊本亦作

『事。』

89 說『旅福家良：』『旅，』原作『於。』此因『旅』之篆文作『㫃，』與『於』形似致誤。『免蚓還圜：』『圜，』原誤『圍；』據孫改。『甲挏，』原作『用桐，』不得其解。茲就形義校作『甲挏』者：『甲』字左右二筆下曳，卽誤爲『用；』『挏桐』偏旁亦易譌也。『劍尤甲：』『甲，』原作『早。』孫謂篆文『早』作『𣅿，』從『甲；』故『甲』譌作『早。』茲據改正。『論行』下，原重二『行』字；孫謂衍兩『行』字。按『行行』二字，疑後學音釋上一『行』字之旁注，誤入正文者。論語，『子路行行如也，』殆卽取其音義於此耳。茲刪之。『性故也：』『性，』原誤『姓；』此因偏旁篆文形似致誤。茲據張改。『超城員止也』句上有一『諸』字，下有『相從相去先知是可五色』共十一字，覈皆後第九十二條之錯簡；茲並移正。

90 說『心之察也』『之，』原誤作『也；』茲據畢依次條改正。

按本條與次條，舊皆作經四條而無說。以文義求之，疑原爲經與說各二；寫者將說誤插旁行句讀上截作經耳。意此誤甚早，因而牒經標題亦佚去焉。茲將『循所聞……』

『執所言……』二條作『聞』『言』二經之說，以復其初。

92 經『五利用，』『五』字原分作『不一』二字，疑因篆文『五』字所誤也。說『五』字數見可證。

說首段『諾相從相去先知是可五色』共十一字，舊錯入上文第八十九條；今析出移此。次段『正五諾』以下共二十五字，舊錯在篇末『若聖人有非而不非』句下；茲據孫校乙正。『五也，』原誤作『五色；』茲據孫改。『若人於知：』『若，』原作『皆』茲亦據孫改正。

93 經『說』字下，舊有『音利』二小字。畢云，『音利二字，舊注，未詳其義。』按此非注，前於第四十六條詳之；可參閱。

說標題『服』字，原倒誤在『執』字下；茲乙。『說務成之，』原作『言務成之九。』『九，』疑爲『兒』之爛脫，本與上『言』字合爲一『說』字；因『兒』誤『九，』又倒在下耳。茲據文義校正。

94 經原文二句互倒。竊意自上文第四十六條『益言利大』錯誤爲『音利大益，』或讀者疑『巧轉』與『音利』命意相關，竟將『巧轉則求其故』全句，插入『音利大益』之間，便成『音利巧轉則求其故大益』矣。迨後校者又以『音利』爲上條『說』字之小注，而『巧轉則求其故大益』遂在『法同則觀其同』之上。但『音利大益』前已改作『益言利大』；則此『巧轉則求其故』正與說之『觀巧傳』立義符同，知必本條之語：因乙正。別詳經上旁行句讀表，可參閱。

95 經 舊分作『法異則觀其宜』『止因以別道』兩條。『宜止』二字間，夾以上截『動或從也』一條；故孫讀作『法異則觀其宜句……止句因以別道』。茲查二條原祇一條。疑旁行改寫直行時，致爲『動字條』所折斷，因而傳譌耳。胡亦定作一條；梁反以爲非，並改『止』字爲『正』，大誤。

說『止愛於人是孰宜止』：原兩『止』字皆作『心』；『於』字脫去。茲據張改兩『心』字爲『止』；據胡補『於』字。

96 經 文上，原有『讀此書旁行』五字，本屬下文，乃倒誤也。茲乙轉別論之。

說 標題字原缺。說末有『正五諾皆人於知有說過五諾若員無直無說用五諾若自然矣』共二十五字，已移歸上文第九十一條，從孫校也。

下經——經下，經說下

1 經『止類以行人：』孫讀『止』爲句，又謂『疑人當作之；』梁從之，並改『止』爲『正』：均非。蓋經上各條，幾皆以首一字小逗；特例不多。經下以一句爲文，承以『說在』二字，乃爲通例；特例亦少。孫讀斷『止』字，係循經上之舊，祇覺自亂其例耳。

說『疑是其然也』句下，原有『謂四足獸與生鳥與物盡與大小也』共十四字，核屬次條之說；故移正。

2 說舊錯簡夾入上條；茲移此。標題『推』字，原作『謂，』疑以草書形似致誤；茲據經文首字改。『牛馬，』原誤『生鳥；』茲據孫改。

3 經『二與鬬子與愛食與招白與視麗與暴夫與履，』原脫誤作『二與鬬愛食與招白與視麗與夫與履』共十五字，據本經通例，不應有；疑後學所增，茲以括弧別識之。又本條結構，略與上經第八十九條相同，而彼經文甚簡，亦可證此等句之贅也。『說在因」句上原有「一偏棄之謂而固是也」九字，核係次條經文；故移正。

說標題字缺。「物麋同名」之「物，」原作「爲，」疑「物」之篆文與「爲」之古文形似致誤；茲據經改。「麋，」孫校作「麇；」謂「舊本誤麋今據道藏本吳鈔本正。」按舊本作「麋」不誤。「二與鬬也；」「二，」原誤「三；」茲據顧改。「子與愛也；」「與」字原脫；茲據文例補。「爲麗必暴不必，」原作「爲麗不必麗不必。」按據下句「麗與暴也，」知第二「麗」字當作「暴」字。但既云「暴不必，」則「爲麗不必」之「不」字應衍。茲以文意刪改如此。「爲非以是不爲非，若爲夫以勇不爲夫；」原上句「以是」作「以人是；」下句「以勇」缺「以」字。茲據孫補下「以」字；但疑上句「人」字卽此「以」字之闕脫而又倒誤者耳。「爲屨以賁不爲屨；」「賁不，」原誤「買衣。」茲因「賁買」形似，以文義改；又據孫改「衣」爲「不。」

4 經首句「一偏棄謂之而因是也，」原作「一偏棄之謂而固是也，」舊錯入上條；茲移此。孫以「一偏棄之」爲一條，學者多宗之；按皆非是。此當「一偏棄」讀絕；與下「不可偏去而二，」猶云而二不可偏去，相對成文。惟「偏去」二字數見，祇此作「偏棄；」

『棄去』本同義也。孫謂吳鈔本作『弃，』亦古文『棄』字。『之謂，』茲乙作『謂之；』說亦作『謂之』或『謂是』可證。『固是，』據文義改『因是』。『廣與脩：』『脩，』原誤『循，』說同；茲並據兪樾改。

說 首『一一與一亡，二與一在，』原作『二與一亡，不與一在。』梁謂『二』當爲兩『一』誤合；上『一』乃牒經標題之文，下『一』則與下文連讀：是也。茲據改。但既云『一與一亡，』又云『不與一在。』『亡』卽『不在，』意涉矛盾；故此改作『二與一在。』蓋傳鈔者既誤上句爲『二與一亡，』以爲不應再有『二與一在』之句；遂改『二』爲『不，』作『不與一在』耳。兩『之實，』原誤『文實；』並據孫改。『若敷與美』句上，原衍『不』字；據孫校刪。『因美，』原作『固美；』茲照經文『因是』改正。『則疑也，』原作『則報也。』按說文，『謂，報也。』此上句既云『無謂，』則下句似不應陸接云『報；』『報疑』二字形似致誤耳。下第五十條『疑無謂也，』正爲此句轉語，可以證明。

5 經『說在容，』『容』原作『害；』疑因二字形似及涉上句『害』字而誤。

說標題「不」字，原與下「畢」字倒誤；據梁乙正。「觭，」原作「⿰角頁，」俞謂字書無「⿰角頁」字；茲據孫改。孫謂讀當爲「奇，」周禮大卜杜子春注，「觭，讀爲奇偶之奇。」

按孫說是。

6 說「橐與霍孰霍」句上，原有「橐與霍孰高」一句，係衍文。此疑「高」原作「翯，」或一本如是；校者又據他本增下句「橐與霍孰霍」耳。「翯」與「鶴皬」古通。詩大雅靈臺篇，「白鳥翯翯。」孟子梁惠王篇作「鶴鶴；」文選景福殿賦作「皬皬：」可證。惟「翯」字不常用，校者遂援上文「長多貴」三者爲類，乃改爲「高，」不知此下二句用「孰霍」「孰瑟，」文體略變耳。茲刪去之。

9 說「告之，」原誤作「吉之；」據王改正。

10 說「逢也，」原作「蓬也，」疑涉首句「蓬」字而誤；茲據經改。「若石羽，」原在「非巧也」句下，無義；茲移在此恰合。「沛從削：」張謂「沛」當作「柹，」木之見削而下者。孫謂說文「柹，」隸變作「柿；」茲照改。「循也，」原作「楯也；」「遇也，」「過也，」原並作「愚也：」茲皆據經改正。

11 按本條無說。

12 說 標題『傴』字，原涉下句誤作『俱』；茲據經『敺』字改正。

13 經 原文：『宇或從。說在長宇久。』『從』據畢校改『徙』。『宇久』二字，在此無義，核係次條之文，誤箸於此；故移正。

說 標題『宇』字，原與下句『長』字倒誤；茲乙。又第二之『宇』，原重作『宇宇』；疑其一爲次條之標題字。茲亦移正。『日』，原誤『且』；據王改。

14 此處經有錯簡，惟說不誤，因據移正。茲將誤本各條錄左：

臨鑑而立景到多而若少說在寡區◯本屬後第21條。

鑑位量一小而易一大而缶說在中之外內◯本屬後第22條。

鑑團景一不堅白說在◯本屬後第23條。

經 無久與宇，堅白。說在因。◯此屬本條原文其首尚有『宇久不堅白』五字：惟『宇久』二字，原錯在上條經文之末；『不堅白』三字，原錯在誤條『鑑團景一』句下茲竝移合。

說標題『宇』字，原亦錯在上條；茲移正。

15 經『若未然，』原作『未者然』，茲據曹校改乙。

16 經『景徙，』原作『景不從。』茲據王改『從』爲『徙；』惟『不』字亦疑譌衍。（一）下句既云『改爲，』則上句應云『景徙；』若云『不徙，』其義適相反。（二）說云『景亡』『景盡，』皆含『徙』義。（三）列子仲尼篇載公孫龍有『影不移』之語，後文謂『影不移者，說在改也。』張湛注引墨子曰，『影不移，說在改爲也。』又莊子天下篇稱辯者公孫龍之徒有『飛鳥之景未嘗動也』之文，釋文引墨子曰，『影不徙也。』援彼互校，似此亦當作『景不徙。』但公孫龍輩之學術屬形名家，大與名墨相左，故其立辭亦各不同。如列子之『影不移，』自與『有物不盡』『意不心』『指不至』諸辭爲一類。莊子之『飛鳥之景未嘗動也，』自與『矩不方』『目不見』『指不至』諸辭爲一類。名墨既言『心意』『目見』『指至』『矩方，』則此本當作『景徙』無疑。（四）此句『不』字疑衍之極早；故莊列注釋中所引此語，皆有『不』字。如下文第四十七條『火熱，』今誤作『必熱；』孫即據天下篇校作『火不熱，』不知公孫龍本作『火不熱，』墨經本作『火熱。』此『景不徙，』亦疑漢晉學者照莊列諸書增『不』字耳。茲刪去之。

18 經『照若射：』『照，』原作『煦，』形似致誤；茲據曹改。二『蔽』字，舊皆作『敝，』明陸穩刊本作『蔽』；茲據正。

19 經『轉，』原作『搏。』孫詒讓道藏本作『博，』吳鈔本作『博，』亦並難通；以形聲校之，疑當作『轉，』今本涉下（按卽下截第六十二條）而誤耳。茲據改正。

20 經『杝缶，』原作『地缶；』據孫改。

說『木杝，』舊本作『木柂；』茲據道藏本及明陸穩刊本改正。惟『木正，』『木杝：』原文先言『木杝，』後『木正，』與今光學之理不合；或讀者妄據經文先『杝』後『正』乙之耳。茲互乙轉。『火小於木，』原『火』誤爲『大；』據曹改正。

21 自本條起共經三條，原錯在上第十四條之前，已照說之次序移正矣。

說『杝正，』舊本作『柂正；』茲據明陸穩刊本。『鑒當景俱：』原『當景』二字誤倒，與今光學理不合；下文『當俱』卽雙承此言，疑讀者卽據下文妄乙耳。茲再乙轉。

「就去亦當俱」「亦」原誤「介」；茲據畢改。二「臬」字，原皆作「臭」，疑形似致誤；茲照文義改。

22 經 「低」，本寫作「**任**」，致因形似誤爲「位」耳。「低」下「景」字，原誤「量」；據王改。

說 「中之內」與「中之外」下各句，原本於「正易」二字外，餘皆同，必無此理。茲據光學理，於「中之內」下，以「遠中」移前，「近中」移後，正合；因改易之。「合於中緣正而長其直也」原缺去「中緣正」三字，茲補。

23 經 「景一」下，原有「不堅白」三字，顯係前第十四條之錯簡，已移正矣。「荆之大」三字原缺。曹補「形之大小」四字，謂涉下文「荆之大」三字而誤脫耳。案本條旁行本在上截，正當下截第五十六條「荆之大」云云。此「荆」，漢石經作「荆」，與「荆」相似；疑校者以爲重出而删之耳。

說 「亣遠」原作「亦遠」；據王校改。「亣」，古「其」字。

24 經 本條與次條先後互誤，茲照說之次第移正。「負」原作「貞」；茲據說標題改。

說『加重焉』之『加，』原誤『如；』據畢改。

25 經『奧，』原爛脫上半誤作『天；』茲改正。『奧』爲『衡』之古文，正與牒經標題合。

26 經原文作『契與枝板，』茲據張改。

說標題『挈』字，原錯在下文『繩制之也』之中間；茲據文義移正。『不必，』原作『不心，』無義。畢改作『不正，』亦非。茲就文義改。『下者愈亡，下者繩直；』原作『下下者愈亡繩直。』茲乙轉『下』字，補一『者』字。『則正矣，』原誤作『則心矣；』茲據畢改。

27 本條經文原闕。按經文旁行本分上下二截，直行本皆條文相間。今下截第六十六第六十七兩條之間，脫落一條，正當在此；則此處應有一條明矣。但原文無從考正，僅能據標題補一『挈』字，及例補『說在』二字而已。

說『是梯，』『𣲖梯者，』二『梯』字原均作『埘；』茲據畢改。『挈且掣則行；』『掣』原誤『挈，』與上複；茲照文義改。『重不下』句之上，原有『今也廢尺於平地』七字，覈係下第二十九條之文；因移正。

28 說『擊，』原作『堅；』據孫改。『射，』原作『䠶；』畢謂唐宋字書無『䠶』字。按『射』篆作『[illegible]，』疑右偏『寸』以形似誤爲『出』耳。

29 經原作『推之必往，』茲據字形相似及文義改。

說標題原作『誰，』其草書與『堆』字形似致誤也。『堆也，』原亦誤作『法也；』亦因草書致誤。『今也廢石於平地』句，由上移此。『石，』原誤作『尺』據孫改。『而石易』此『石』原作『名；』據文義改。

31 說『盡去其所以不讎也，』原缺『所』字；據孫補。『由欲不欲』『由』本誤作『缶；』茲改之。『若販化，』原作『若敗邦，』無義。按說文古籀補引盂鼎『邦』字，或從『丰卪』作『[illegible]，』與『化』字篆作『𠤎』形似致誤；而『販敗』形尤近，故誤。

32 經『弗必，』原誤『必』爲『心；』據孫改。

34 經『誖，』原誤作『諄；』據張改。

35 經『不辯，』原缺『不』字；按說『是不辯也』句，與此應；據補。

說『所謂，』孫謂舊本『所』字誤作『非，』今據道藏本吳鈔本正。

36 經『殆，』原誤『始；』依孫改。

說上『殆』字，原亦誤『始；』依孫改。『若殆於城門與於臧也』句，原誤在下文第五十三條之末端；據孫校移此。

37 說『子智是』句之上，原有『有指』二字，梁謂下條之文，錯入此；茲據移正於次條之首。

38 經『參，』原誤『絫；』茲照楊張據說改。

說『所欲指』之『指，』原誤『相；』據孫改。『則是智之不智也』句，『之』上原衍『是』字；茲刪。『而謂，』原倒誤作『謂而；』茲乙正。

39 經『遺者，』原作『貴者；』據說改。

40 說『不重智犬』之『不』字，原錯在下句之首；茲據文義乙正。

41 說『髗旅』之『旅，』原誤作『施。』『大小不中，』原作『大常中；』疑因篆文『小不』二字誤合爲『常』也。『乒，』原誤作『兵。』凡此三者，均從曹校改正。

42 經『與存者，』原缺『與』字；據張補。『異，說在駐，』原作『駟異說。』張謂『駟』字衍；『異說』下脫，疑當作『說在主。』按張校近是。但疑此『駟』非衍，本乃『駐』字；因脫『在』字移上而又誤耳。茲據補『在』字，並乙改。

說『據存者』原『存』作『在，『在』孫詒讓義同；茲據張改。

43 說『金水土木火，』原作『合水土火火。』說文有古文『金』作『金，』毛公鼎作『金』因形似誤作『合；』『木火』二字尤易譌也。『金之府水，火離木』原『金』亦誤作『合，』『合』而『火』又反誤爲『木』耳。

44 說『且惡人』原『惡』作『恕；』據文義改。

45 說『而后智益者』原『智益』二字倒誤；茲乙『之止，』原作『之之；』據曹改正。

47 經『火熱』之『火，』原作『必，』因篆文形似而誤；茲改之。孫據莊子天下篇疑作『火不熱，』非也。詳前第十六條。『若視日』原『日』誤『曰』；據曹改。

48 經原文作『知其所以不知，』據章梁刪『以』字。

說標題下各句，原係後文第七十條之後段，與此互相錯簡。茲兩條互易，此首句上增一『夫』字。

49經『說在有無，』原與次條互譌；茲亦兩相互易。

50經『說在所謂，』原與上條互譌；茲易之。

說『之又』，原作『文文』；並據孫胡校改。

51經『止，』原作『正』；據曹改。

說『且猶是也：』『且』字原在句下；茲乙上。『必用工而後已：』原缺『而』字；據王補。

52說孫謂『不，』吳鈔本作『否，』古通用。

說曹本不列標題字，殆漏落；或因上有『均』字之故。孫讀『均』句，『髮均縣』句，卽認『均』字爲標題，非也。考本條說語，列子湯問篇全抄之；惟『輕』下有『重』字，『不均也』上有『髮』字，末句『均』下有『也』字。自孫(星衍)畢孫梁以來，皆照補『重』字。曹謂墨子本無『重』字，非脫文也；列子之文，自多一『重』字耳。按曹說極是。又本條句讀，今與常異；蓋就論式組織爲之耳。

53經『也於今，』原作『也生於今；』各家皆以『也』字連上文爲句，讀『堯之義也，生於今』云云，非。蓋此本以『也於今，處於古』相對成文，說亦如是。此因後人未憭此『也』字之義，遂將『也』字讀絕，忽覺『於今』上脫去一字，乃妄增『生』字耳。

說標題字缺。孫以『堯霍』二字爲下文發端；曹梁均以『堯』爲標題；而梁又謂『霍』字衍：皆非。『指猶是臛也，』原無『猶』字：今據前第八條『猶氏霍也』補入，正與上句『舉友富商也』相對成文。說末原有『若殆於城門與於臧也』一句，已據孫移入前第三十六條矣。

54 說『殺狗，』原作『狗犬也；』疑『殺』字爛脫分成『犬也』二字，因涉經文倒誤於下耳。『若兩脾』之『脾，』原作『䐶；』茲據文義改。

55 本條譌字太多，錄原文於次：

經使殷美。說在使。

說使○令使也：我使，我；我不使，亦使我。殿戈亦使殿；不美亦使殿。

說文我部謂『墨翟書義從弗，』作『羛。』按今墨子無『羛』字。疑本條『義』字本亦有作『羛』者；幾經傳寫，作『羛』者訛作『美，』作『義』者訛作『我，』『我』

又訛作『戈』耳。至經文『殷』字，說三『殿』字，疑皆『役』字之誤。『亦使我』之『使，』『使』當乙轉，以『使殿』連讀，卽『使役』也。然本條譌舛過甚，以意校改，未知是否？

57 經『以楹爲摶：』『楹』原作『檻，』據孫改；說正作楹可證。

58 說標題字缺。『過仵也：』『仵』原誤『件；』據張依經改。

59 經『位，』原作『住；』據曹改。

60 說『無與非半：』『無』原作『毋；』玆據孫引吳鈔本。但二字古本通用。

61 說句末原有『久有窮無窮』五字，在此無義，疑本下文第六十三條末之錯簡，玆移正。

62 說『丸，』原誤作『九，』畢謂一本作『凡；』玆據孫改。

63 說標題『宇』及下『傴』字，原互倒誤；據梁乙正。『宇也，』原誤作『字也；』據孫改。

『久有窮無窮』句，由前第六十一條移此。

64 經『行脩，』原誤作『行循；』據楊張依說改。

說『遠近，』原作『遠脩近；』據俞刪『脩』字。孫謂各『脩』字，吳鈔本並作『修；』

『脩，』假字。

65 經 『皃盡，』原作『也盡，』『也皃』篆文形似致誤；據說改。『若方之相合也：』『合』原誤『召』據王改。但照本經通例，此句似不應有，且與下句『說在方』意複。疑此六字爲後學釋『方』之旁注誤入正文者；茲以括弧別識之。

說 『相合，』原誤作『相台；』據王校。『俱有法而異』句，原在『方貌盡』句下；據王乙轉。

66 說 標題『狂』字與下『牛』字，原互倒；據曹梁乙正。『牛與馬不類：』『牛』原作『之，』篆文『牛之』形似致誤耳。『用牛有角，』原漏『有』字；據王照下句增。

67 說 『或不非牛而非牛也可：』原無『可』字；據明陸穩刊本增。『則或非牛而牛也可：』『而』上原有『或牛』二字；據孫校刪。但標題應有『牛』字，疑卽錯簡在此，又衍『或』字耳。

68 經 『彼彼此此，』原作『循此循此；』據曹梁乙改。

說 『此亦可彼：』原作『彼此亦可；』據梁乙正。『則彼彼：』原『彼』字不重，似脫；茲補之。

69 **說** 標題字缺。『功必寡，』原缺『功』字；據楊孫補。『智多，』原缺『多』字；據孫補。『義或厚或薄，』原缺『義』字。大取篇云，『義可厚，厚之；義可薄，薄之。』茲據增。

70 **說** 『在外者所知也：』『所』下原有『不』字，據後『外親知』之說，則『不』字當衍；故刪之。『夫』字下，自『雜所智』起至『是兩智之也』止，共三十二字，原爲前第四十八條之說，與此原文『名以所明』下共二十四字，互爲錯簡；據文義移正。『外親智也室中說智也』共九字，疑後學案識之語，羼入正文，茲以括弧別識之。

71 **經** 『說在其言：』孫謂『在其』二字，舊本倒；今據道藏本吳鈔本乙。

說 『之人之言可：』『之人，』原誤作『出入』；據孫改。

72 **經** 『唯吾謂：』孫謂『唯，』舊本作『惟』；今據吳鈔本正。按二字古本通用，茲據孫本；說亦盡改以歸一律。

說 『猶是霍』之『猶，』原在下句『而』字下；茲據文義及前第八條與第五十三條乙正。『則吾謂必行：』『必』原誤作『不』；茲改之。孫謂衍一『不』字，亦通。

73 說『則可盡不可盡亦未可知』原重『不可盡』三字，無『亦』字；疑『不』爲『亦』之誤而又衍『可盡』二字耳。畢謂衍三字，似非。『而悉人』『悉』原作『必，』『必』疑損泐也。『悉，』卽愛字；因不常用，遂涉下句而誤爲『必』焉。『无窮，』原誤作『先窮；』據孫改。末句『盡无窮，』『无』誤『有』；據文義改。

74 經『說在問者：』『問』原作『明；』據孫從說改。

說『不智其數：』『不』原作『二；』曹謂古書疊字多作『二，』蓋當與標題『不』字相重也。兩『盡之也：』『之』原皆誤作『文；』據孫改。『遺乎其問也：』『問』原誤作『門；』據孫依道藏本改正。

75 按本條無說。

76 經『冈，』原作『內；』曹謂或『冈』字之誤。『冈，』古罔字。茲據改。

說『所愛所利亦不相爲外內：』『利』上原缺『所』字；茲據上文補。『若左自出，右自入：』孫謂舊本脫『出』字；今據道藏本吳鈔本補。又兩『自』字，原皆作『目，』似無『出入』可言；茲竝以意改作『自。』『自，』鼻之古文。

77 經『無益』原缺『無』字；據孫補。說正如是。

78 說標題『誹』字，與下『論』字原互倒誤；據曹乙。『以理之可非，』『非』原誤作『誹；』依張據下文改。

79 經『諄，』原誤作『諄；』據張改。

說標題字缺。『不非，』原作『不誹；』『誹可非也，』原作『非可非也：』疑上『誹』字與下第一『非』字互譌。茲移改。

80 經『物甚，』原作『物箕；』茲照各家改正。惟字彙補收有『𥮊』字，云古文『甚。』此與『箕』篆極似，或『箕』爲『𥮊』之誤字歟？

82 經『不是，』原作『是是；』按標題係『不』字，故據改正。

說按本條說共二十三『是』字。中有八字誤爲『文，』惟首句不誤。茲列『今是』以下原文如次：

今是，文於是而不於是；故是不文。是不文，則是而不文焉。今是，不文於是而文於是；故文與是不文同說也。

孫謂『文』疑並『之』字之誤，是也。然『之是』二字雖通用，而此處原似作『是』；或傳鈔者任寫作『之』，再誤爲『文』耳。又『而不於是』孫謂『不』下亦當有『之』字；茲亦據補『是』字。

墨經長箋序

戒甫才性坦易，與人交，泊如也。及治周秦諸子，尖刻非常，好析疑，求甚解，雖一字不瑩不止。嘗慕墨翟之行，狂奔足繭，以冀捄世之急；離父兄，棄妻子，冒危難萬死而不辭。其靜也，枯坐室中，案頭書物狼藉，目治手營，注心微渺。兒女子雜沓諠囂於其側，未嘗煩其思致也。其卓犖奇異如此！自成童酷嗜墨子，莊子，史記，曾文正公文集四種，常以自隨；後尤勤於墨子經說，謂有光力諸學，足與西說相會也。清之季世，吾湘治墨書者，前有王壬父，後有曹鏡初；而曹箋爲尤勝。戒甫嘗卽曹箋綜合近箸，成墨經長箋；頃取觀之，覺在在探其微旨，精闢之處，動能驚人。然戒甫冥思玄索，廢寢忘餐，因而屢病；蓋其孤憤有所爲而爲之者。予癡其所爲，謂將斂精力於無用，婉勸罷；及病已，亦復如故。又未嘗從名師指授；綜其所得，純出苦悟。平日祕不示人，無由質其得失；予雖略知之，亦未見其造詣能若斯也。嘗謂治古書每與神會；其不能通者，如千軍萬馬相與爭一日之勝，伏尸滿野，流血成渠，無如何也。及由間道入，用力無多而取之若拾芥之易，其樂也可勝計邪！烏乎！予今無復與戒甫同此樂矣。予咯血久且殆，戒甫曾犯危省予長沙，亦閒談送日怡怡焉耳；詎能及此高深宏大之業也哉？今戒甫寓蒼梧，鬱鬱未能暢所志，望姑安之。予尤望戒甫勿再從戎，效墨子存宋之所爲，天雨歸閭，守者將不內也。此箋亦且勿亟亟問世，尤宜發揚之，光大之，以竟其所學；則將來之有益於人羣，必在此而不在彼矣。戒甫其勉之！民國八年秋節前五日，同胞第五兄覺民序於扶南山村之吁齋。

民國八年春正月，銘將有粵西之行，適觸暴政，道梗；奉　兩親命間關抵長沙，省先兄縠甫。時　兄咯血略瘥，商定摒擋歸里。念久別不知見時，因授墨箋稿本，乞其一序。夏盡　兄歸，銘亦遵海而南；書問往返僅三四，　兄竟於仲冬溘然長逝矣。明年夏返長沙，大病幾不起。越二年始歸里第，此序得諸舊笥中，蓋絕筆也。緘封甚固，意當時欲寄蒼梧而又中止者；讀之痛絕！自茲以後，益發憤推廣前箋，將及三倍，因易名曰墨辯發微，心稍慰帖；則　先兄之睨我，豈少也哉？志茲崖略，一撫遺言，不知涕淚之何從矣。民國十二年癸亥季春望日，銘敬識。

墨辯發微序

生平好讀諸子書，而尤嗜名墨之學。初治曹鏡初墨子箋，頗嫥力於經說；後得孫仲容閒詁，參校同異，略有闡明。甲寅後四五年中，就曹箋爲藍本，成墨經長箋四卷。凡疑難處，莫不廣引古籍，委曲以求其通；而於光力諸科，則又遠徵西學。疏證較詳，體例略備；祕置篋中，未敢宣露。己未秋，先兄毅甫見而序之，謂宜更事發揮，毋急於問世也。當此之時，治墨經者漸多，卮言日出，常得善解。予喜逢時會，且念先兄遺誨，亦益致心力，前後匯參而謀光大。辛酉春，忽有感悟，發明小取論式，持以衡之經說，怡然理順；又經說皆名家言，顧別有形名之學，門戶獨啓，絕不混淆：由是改名墨辯發微，更事瑑飾，篇幅增倍。癸亥，服務湘省議會，同事李況松同年爲之啓，擬醵貲刊行。然自揣譾陋，不欲匆卒示人；遲徊半載，政變旋作，兩軍臨河轟擊，舉城騷然，議亦遂寢。比來又五六年，世亂逾急，牽於人事，作輟不恆，孤陋寡聞，頗少校改。而晚近坊間新箸，無慮數十，書賈射利，勦說雷同，殆車載曹耀湘斗量孫詒讓矣。今年秋，承乏右學，講授墨經，重檢舊稿，稍加釐訂。原擬取近人契我之說改從之；繼見糾紛過多，略引異說，餘皆仍舊。學問爲舉世公物，後先印合，固可並存焉耳。余性拙鈍，區區之作，歷十餘年。

善夫荀卿子之言曰，『真積力久則入學至乎沒而後止也。』予今粗有所入，固未嘗止；無所積乎真，抑亦力久而已。然中有極難者，每窮神殫智，私心尚在疑信間；蓋已恍然吾才之既竭，欲舉以問世，以冀同道之一裁之，美成君子諒不吾吝也。民國十七年雙十節，譚戒甫序於國立武漢大學之西苑。

墨辯徵評序

不佞治墨經甚久，雖牽於人事，不時輟作；而方寸之際，實未嘗一日或忘。今所旣成者，墨辯發微五編而已。自辛酉春，纂成論式軌範，嘗就正於舅氏顏息盦先生，寶慶石蒼石先生，皆謂『此與因明邏輯，鼎足而三，應爲舉世公有之學，可與世人共究之。恐非一人之力所能勝耳；盍寄刊滬報，庶來糾評乎？』不佞愚陋，方自歎才之不繼；忽聆斯詔，如啓聾聵。遂於甲子人日，摘抄小取前二章所論辯術各節目，命曰『墨辯大綱，』郵付學衡雜誌，希爲布之。不意遷延數月，未見錄登，亦旣廢然思返矣。旋乃索回原稿，再四鑽孽，略爲改定，敝帚視之。今歲仲秋，承乏武漢大學，諸子一門，適授墨子，舊興爲之勃發。然止詮解經說，未能卽及小取。竊念爾來數載，精力衰耗；探幽窮賾，視爲畏途。咫尺之抱，亦旣久孤，輒恨無先我而發者；懼遂陵夷，行乖素志。昔韓退之不承再刖之誚，不佞安敢妄希古人；終以二先生之言，欲與世人共此絕業，宜其不惜再刖矣。因摘抄經說釋例，墨辯軌範，論式源流，三辯義例，辭過義例五篇，先付手民；仍冠以全書目錄，略示系統。世多賢哲，其亦稍念區區之勤，爲之匡救其失，共完此舉世公有之器邪？斯則不佞所日夕馨香禱祝以求之者也！民國十七年歲次戊辰季冬，湘鄉譚戒甫序。

附錄

墨辯發微目次

第二編

墨辯正名

墨經證義

經說釋例（已載本校文哲季刊第三卷第三號）

別墨衡異

名墨參同

第三編

上經校釋——經上，經說上

下經校釋——經下，經說下

大取校釋（末二章釋文見第四編）

小取校釋（前三章釋文見第四編）

第四編

墨辯軌範——小取前三章，大取末一章（已載文哲季刊第二卷第二號）

第五編

中華民國二十四年五月初版

(26265)

國立武漢大學叢書 墨經易解 一

每冊定價大洋壹元捌角
外埠酌加運費匯費

著作者 譚介甫

發行人 王雲五
上海河南路

印刷所 商務印書館
上海河南路

發行所 商務印書館
上海及各埠

（本書校對者 章德宣 周藎侯）

崇文学术文库·西方哲学

01. 靳希平　吴增定　十九世纪德国非主流哲学——现象学史前史札记
02. 倪梁康　现象学的始基：胡塞尔《逻辑研究》释要（内外编）
03. 陈荣华　海德格尔《存有与时间》阐释
04. 张尧均　隐喻的身体：梅洛-庞蒂身体现象学研究（修订版）
05. 龚卓军　身体部署：梅洛-庞蒂与现象学之后
06. 游淙祺　胡塞尔的现象学心理学
07. 刘国英　法国现象学的踪迹：从萨特到德里达[待出]
08. 方红庆　先验论证研究
09. 倪梁康　现象学的拓展：胡塞尔《意识结构研究》述记[待出]
10. 杨大春　沉沦与拯救：克尔凯郭尔的精神哲学研究[待出]
11. 刘胜利　身体、空间与科学——梅洛-庞蒂的空间现象学研究（增订版）[待出]

崇文学术文库·中国哲学

01. 马积高　荀学源流　　02. 康中乾　魏晋玄学史
03. 蔡仲德　《礼记·乐记》《声无哀乐论》注译与研究
04. 冯耀明　“超越内在”的迷思：从分析哲学观点看当代新儒学
05. 白　奚　稷下学研究：中国古代的思想自由与百家争鸣
06. 马积高　宋明理学与文学　　07. 陈志强　晚明王学原恶论
08. 郑家栋　现代新儒学概论（修订版）[待出]
09. 张　觉　韩非子考论[待出]
10. 佐藤将之　参于天地之治：荀子礼治政治思想的起源与构造
11. 任剑涛　伦理政治研究：从早期儒学视角的理论透视[待出]
12. 栾调甫　墨子研究论文集[待出]
13. 容肇祖　明代思想史[待出]

崇文学术·逻辑

1.1 章士钊　逻辑指要　　1.2 金岳霖　逻辑
1.3 傅汎际 译义，李之藻 达辞：名理探
1.4 穆　勒 著，严复 译：穆勒名学　　1.5 耶方斯 著，王国维 译：辨学
1.6 亚里士多德 著：工具论（五篇 英文）
2.1 刘培育　中国名辩学　　2.2 胡　适　先秦名学史（英文）
2.3 梁启超　墨经校释　　2.4 陈　柱　公孙龙子集解
2.5 栾调甫　墨辩讨论　　2.6 谭戒甫　墨经易解
3.1 窥基、神泰　因明入正理论疏　因明正理门论述记（金陵本）
3.2 王恩洋、周叔迦　因明入正理论释（二种）

西方哲学经典影印

01. 第尔斯（Diels）、克兰茨（Kranz）：前苏格拉底哲学家残篇（希德）
02. 弗里曼（Freeman）英译：前苏格拉底哲学家残篇
03. 柏奈特（Burnet）：早期希腊哲学（英文）
04. 策勒（Zeller）：古希腊哲学史纲（德文）
05. 柏拉图：游叙弗伦 申辩 克力同 斐多（希英），福勒（Fowler）英译
06. 柏拉图：理想国（希英），肖里（Shorey）英译
07. 亚里士多德：形而上学，罗斯（Ross）英译
08. 亚里士多德：尼各马可伦理学，罗斯（Ross）英译
09. 笛卡尔：第一哲学沉思集（法文），Adam et Tannery 编
10. 康德：纯粹理性批判（德文迈纳版），Schmidt 编
11. 康德：实践理性批判（德文迈纳版），Vorländer 编
12. 康德：判断力批判（德文迈纳版），Vorländer 编
13. 黑格尔：精神现象学（德文迈纳版），Hoffmeister 编
14. 黑格尔：哲学全书纲要（德文迈纳版），Lasson 编
15. 康德：纯粹理性批判，斯密（Smith）英译
16. 弗雷格：算术基础（德英），奥斯汀（Austin）英译
17. 罗素：数理哲学导论（英文）
18. 维特根斯坦：逻辑哲学论（德英），奥格登（Ogden）英译
19. 胡塞尔：纯粹现象学通论（德文1922年版）
20. 罗素：西方哲学史（英文）
21. 休谟：人性论（英文），Selby-Bigge 编
22. 康德：纯粹理性批判（德文科学院版）
23. 康德：实践理性批判 判断力批判（德文科学院版）
24. 梅洛-庞蒂：知觉现象学（法文）

西方科学经典影印

1. 欧几里得：几何原本，希思（Heath）英译
2. 阿基米德全集，希思（Heath）英译
3. 阿波罗尼奥斯：圆锥曲线论，希思（Heath）英译
4. 牛顿：自然哲学的数学原理，莫特（Motte）、卡加里（Cajori）英译
5. 爱因斯坦：狭义与广义相对论浅说（德英），罗森（Lawson）英译
6. 希尔伯特：几何基础 数学问题（德英），汤森德（Townsend）、纽苏（Newson）英译
7. 克莱因（Klein）：高观点下的初等数学：算术 代数 分析 几何，赫德里克（Hedrick）、诺布尔（Noble）英译

西方人文经典影印

01. 拉尔修：名哲言行录（希英对照）[待出]
02. 弗里曼（Freeman）英译：前苏格拉底哲学家残篇
03. 卢克莱修：物性论，芒罗（Munro）英译
爱比克泰德论说集，马可·奥勒留沉思录，乔治·朗（George Long）英译
04. 西塞罗：论老年 论友谊（拉英对照）[待出]
05. 塞涅卡：道德文集（拉英对照）[待出]
06. 波爱修：哲学的慰藉（拉英对照）[待出]

07. 蒙田随笔全集，科顿（Cotton）英译
08. 培根论说文集（英文）
09. 弥尔顿散文作品（英文）
10. 帕斯卡尔：思想录，特罗特（Trotter）英译
11. 斯宾诺莎：知性改进论 伦理学，埃尔维斯（Elwes）英译
12. 贝克莱：人类知识原理 三篇对话（英文）

13. 马基亚维利：君主论，马里奥特（Marriott）英译
14. 卢梭：社会契约论（法英），柯尔（Cole）英译
15. 洛克：政府论（下篇） 论宽容（英文）
16. 密尔：论自由 功利主义（英文）
17. 潘恩：常识 人的权利（英文）
18. 汉密尔顿、杰伊、麦迪逊：联邦论（英文）[待出]
19. 亚当·斯密：道德情操论（英文）[待出]
20. 亚当·斯密：国富论（英文）

21. 荷马：伊利亚特，蒲柏（Pope）英译
22. 荷马：奥德赛，蒲柏（Pope）英译
23. 古希腊神话（英文）[待出]
24. 古希腊戏剧九种（英文）
25. 维吉尔：埃涅阿斯纪，德莱顿（Dryden）英译
26. 但丁：神曲（英文）
27. 歌德：浮士德（德文）
28. 歌德：浮士德，拉撒姆（Latham）英译
29. 尼采：查拉图斯特拉如是说（德文）
30. 尼采：查拉图斯特拉如是说，康芒（Thomas Common）英译
31. 里尔克：给青年诗人的十封信 杜伊诺哀歌 致俄耳甫斯的十四行诗（德文）
32. 加缪：西西弗神话（法英），贾斯汀·奥布莱恩（Justin O'Brien）英译
33. 荷尔德林诗集（德文）

崇文学术译丛·西方哲学

1.〔英〕W. T. 斯退士 著，鲍训吾 译：黑格尔哲学
2.〔法〕笛卡尔 著，关文运 译：哲学原理 方法论
3.〔德〕康德 著，关文运 译：实践理性批判
4.〔英〕休谟 著，周晓亮 译：人类理智研究
5.〔英〕休谟 著，周晓亮 译：道德原理研究
6.〔美〕迈克尔·哥文 著，周建漳 译：于思之际，何所发生
7.〔美〕迈克尔·哥文 著，周建漳 译：真理与存在
8.〔法〕梅洛－庞蒂 著，张尧均 译：可见者与不可见者[待出]

语言与文字

1.〔法〕梅耶 著，岑麒祥 译：历史语言学中的比较方法
2.〔美〕萨克斯 著，康慨 译：伟大的字母[待出]
3.〔法〕托里 著，曹莉 译：字母的科学与艺术[待出]
4.〔英〕麦克唐奈（Macdonell）：学生梵语语法
5.〔法〕迪罗塞乐（Duroiselle）：实用巴利语语法
6.〔美〕艾伦（Allen）、格里诺（Greenough）：拉丁语语法新编
7.〔英〕威廉斯（Williams）：梵英大词典
8.〔美〕刘易斯（Lewis）、肖特（Short）：拉英大词典

中国古代哲学典籍丛刊

1.〔明〕王肯堂 证义，倪梁康、许伟 校证：成唯识论证义
2.〔唐〕杨倞 注，〔日〕久保爱 增注，张觉 校证：荀子增注[待出]
3.〔清〕郭庆藩 撰，黄钊 著：清本《庄子》校训析
4. 张纯一 著：墨子集解

唯识学丛书（26种）
禅解儒道丛书（8种）
徐梵澄著译选集（6种）

出品：崇文书局人文学术编辑部
联系：027-87679738，mwh902@163.com

我思

敢于运用你的理智